Loving Through Your Differences

婚姻共情心理学

［美］詹姆斯 · L. 克雷顿——著
李菲——译

U1007838

天津出版传媒集团
天津科学技术出版社

著作权合同登记号：图字02-2020-285

Loving through Your Differences
Copyright © 2019 by James L. Creighton, PhD
Published in 2019 by New World Library
简体中文版权通过凯琳国际文化版权代理引进(www.ca-link.cn)

图书在版编目（CIP）数据

婚姻共情心理学 / （美）詹姆斯·L.克雷顿著 ；李菲译. -- 天津 ：天津科学技术出版社，2021.3

书名原文：Loving Through Your Differences: Building Strong Relationships from Separate Realities

ISBN 978-7-5576-8715-1

Ⅰ. ①婚… Ⅱ. ①詹… ②李… Ⅲ. ①婚姻－社会心理学 Ⅳ. ①C913.13

中国版本图书馆CIP数据核字(2021)第032156号

婚姻共情心理学
HUNYIN GONGQING XINLIXUE

责任编辑：胡艳杰
出　　版：天津出版传媒集团
　　　　　天津科学技术出版社
地　　址：天津市西康路35号
邮　　编：300051
电　　话：（022）23332695
网　　址：www.tjkjcbs.com.cn
发　　行：新华书店经销
印　　刷：衡水泰源印刷有限公司

开本 880 × 1230　1/32　印张 6.5　字数 120 000
2021年3月第1版第1次印刷
定价：42.00元

序
PREFACE

在差异中寻找到幸福和美满

詹姆斯·L. 克雷顿博士多年来一直致力于帮助夫妻和情侣高效沟通，化解矛盾冲突，教授给他们建立健康、幸福的情感关系的有效办法。他发现，很多夫妻在刚步入婚姻的时候都认为，他们应该喜欢同样的事情，以同样的方式去看待他人、看待世界。但人们总不可避免地会遇到产生分歧的时候，而发现别人跟我们观念看法不一，做出的决策也不一致，是很令人难过的。虽然这种时候，人们的情感关系已经岌岌可危了，但克雷顿却认为，这也是巩固关系的好时机。

在本书中，克雷顿用认知科学和发展心理学的最新研究成果，告诉我们每个人是怎样用头脑创造了情感现实。然后，他还提供了明确有效的方法用于改善我们的观念和行为。这让夫妻双方都不再恐惧害怕，不再纠结于选择“你的”还是“我的”思想和行为方式，而是致力于创造“我们的”方式去看待世界。

正如克雷顿所指出的，这种求同存异而不求完全统一的方式，为夫妻的长期幸福、美满奠定了基础，让他们能够一直携手同行。

作者的其他作品

《网络会议：怎样将你公司里的人和技术联系起来》（合著：詹姆斯·W. R. 亚当斯）

《别失去理智：怎样与伴侣和平共处》

《重获幸福》（合著：O. 卡尔·西蒙顿和斯蒂凡尼·马修斯·西蒙顿）

《相爱的人如何相杀：治愈创伤的基本工具》

《怎样让人参与集体决策》

《公众参与手册》

中文版序

PREFACE IN CHINESE

钱钟书有句名言“婚姻是一座围城，城外的人想进去，城里的人想出来”，德国也有一句谚语“婚姻若非天堂，即是地狱”。每年有无数男女怀着美好的憧憬走进婚姻的殿堂，也有无数伤痕累累的夫妻走出这座“爱情的坟墓”。特别是最近十年来，中国的离婚结婚比越来越高。据国家民政部统计，2020 年上半年全国结婚登记 387.9 万对，离婚登记 159.5 万对，离婚结婚比高达 41.12%。

在我的咨询案例中，婚姻情感问题的数量仅次于青少年抑郁焦虑问题。“离婚热”已然成为我们绕不开的社会问题，如何解决婚姻问题，不仅是对心理学家、心理咨询师的挑战，也关系着千家万户的幸福。

2020 年夏，竹石文化的编辑王斯文老师拿给我此书的翻译初稿，说是一本争吵中的伴侣都应该看看的书，并邀请我以心理专家的视角审校把关。我浏览了书稿后，觉得此书并非一般的通俗读物，而是有着坚实的理论基础的工具书，于是答应审校本书。

本书作者是亲密关系领域全球知名的专家。本书从伴侣冲突的核心原因，即双方的“情感现实”不同展开分析，第一部分介绍了伴侣之间的情感现实不同是必然现象，并非谁对谁错。然后分析了造成情感现实不同的原因——家庭迷思、个性、创伤、经历、文化差异等，并提出了全书的核心观点：差异未必导致冲突，如果双方以差异为师，可以让爱变得更加丰富多彩。第二部分详述了解决冲突的五种技巧：回应能力、负责任沟通、积极倾听、避免矛盾升级、合作解决问题等。第三部分介绍了可操作性很强的方法：如何解决价值观冲突、如何换框思维、如何重构人生故事等，这些方法都建立在共情的基础之上。

本书的译者李菲老师文字表达精准优美，相信此书的引进对国内深陷婚恋情感问题的伴侣们是一个福音，它对于追求幸福的男男女女们是有益的自助书籍，对于广大心理咨询师、治疗师也是一本理论清晰的参考书。

在牛年春节到来之际，欣闻本书即将付梓，顺祝广大读者“春暖花开鸳鸯成对，风和日丽琴瑟和鸣”，是为序。

祝卓宏
北京中关村人才苑
2021.2.20

目录
CONTENTS

第三部分　共情工具箱：方法

感谢经验丰富且睿智的治疗师弗洛伦斯·克雷顿，在本书的创作过程中，她提供了巨大的帮助。

第一部分

我们为何会吵架

第 1 章　谁是对的

伴侣吵架，有些人是偶尔吵，有些人是经常吵，有时候这种吵是亲密关系的调节剂，有时候又可能威胁到情感关系的存续。

本书是为那些害怕或厌倦跟伴侣吵架的人而写的。本书里提供的技巧和理念都是经过我和妻子的实际经验而得出的，我们的婚姻刚刚迈过了第五十二个年头，五十二年来，我们也总是磕磕绊绊的。如果没有本书中提及的理念和经历，我们是肯定走不了这么远的，我们一边前行，一边学习经验。

很荣幸能够向全世界成千上万的人传授沟通和解决婚姻问题的技巧。来我这里咨询的很多人不仅经历过吵架的痛苦，还遭遇过其他的痛苦，如患上癌症、艾滋病，遭遇家庭暴力，被宣告缓刑或入狱等。

我了解到的最重要的一件事，就是我们每个人都有自己的情感现实，每个人产生的感受和体验是不一样的，每个人的性生活、童年、宗教信仰和文化社会背景是不一样的，每个人的信仰、价值观和生活观也都是不一样的。

这也就意味着，即便是遇到同样的境况，两个不同的人也会产生不一样的情绪和感受。如果我和我妻子一起去看电影，我可能觉得很刺激，而她却觉得很无聊。比如我们一起去看一部口碑很好的电影，这部电影好看毋庸置疑——但事实上，我看得很兴奋，而她却觉得很无聊。

我们通过观察得出，人们面对同一件事会有不同的反应。虽然这个观点是老生常谈，但它却是帮我们去理解别人的不同感受的关键因素。

我们大部分人都认为，感觉是由我们自身之外的事物引起的。我们认为，我们之所以产生感觉，是由他人的所作所为，或者无法控制的外部事件而引起的。我们经常因为伴侣说的话或做的事不如自已的意而跟伴侣吵架，如果他们按我们的去做，只是想法不一样，我们就会感觉还行；如果他们做的不让我们厌烦，我们会觉得也还行；如果他们是刚刚开始做出不一样的行为，还没有造成很大的影响，我们也还觉得没事。虽然如此，但他们想法和做法跟我们不一样，也会让我们不舒服——而我们认为，这种不舒服的感受是由伴侣引起的。当我们持有这样的观念时，我们就是在将我们感受的控制权交给他人，我们就会认为，要让自己过得快乐，那么，身边的其他人就必须改变他们的行为方式。

我们的感受总会受到我们的态度、信仰、观念、期待和过去的经历影响，而这个过程也造成了我们的情感现实。

如果我认识的人经过我身边，却理也不理我，我就有如下的几种方式来解读对方的这一行为：

- 我可能认为他是不喜欢我，在生我的气，所以故意冷落我。
- 我也可能认为，他是在想其他的事，没注意到我。
- 我还可能认为，他确实没看到我。

根据上述的理解，我可能会觉得受伤、恼怒、被他排斥和忽略，或者困惑不解。我的感受既来自他人做出的行为，也来自我对他人行为的解读。

我们通过赋予外部事件意义来参与创造我们的感受。我并不是说，感受是我们坐下就能决定的——当我们并没有掌握全局，或者遭遇的境况前景并不明朗时，我们就会产生感受。大多数时候，我们的情绪反应瞬间爆发：有人说了些什么话，我们马上就觉得心烦、受伤，或者被排斥了。我们的身体能够产生这样的感受，但这些感受并不是直接由经历的事情所引起的，而是事情与我们的情绪和情感交互作用的结果。这些事情和情感的交互作用发生得太快，以至于我们根本认识不到这一点。

我们怎么知道这种交互作用正在起效呢？我们能够明白，不同的人对同一件事会有不同的感受。别人觉得很寻常的事情，我们可能会很震惊。我们很震惊是事实，别的人根本不受影响也是事实。

如果我们有一点情感上的距离，那么当别人告诉我们，经历某些事我们应该有受伤感、被排斥感，对发生的事情感到恼怒，而我们又没有这些感受时，那这情景就很有意思了。他们实际上是在说，如果他们经历了那样的事，他们就会有那样的感受，所以我们也应该有那样的感受。

因为他们的情感现实不一样，其他人——包括我们所爱的人，如我们的伴侣等——对事情的情绪和情感反应跟我们也不一样。当我们希望——甚至提出要求——别人应该跟我们的观念态度是一样的时，如果他们跟我们不一样，我们就会觉得失望。

我们若是将这些差异归咎于他人的人格、道德或同理心缺失，问题就来了。确实，在跟亲近的人沟通时，我们经常说这样的话：“如果你爱我，你就会赞同我的观点。”事实上，我们是在表达这样的看法：“我的情感现实是正确的。如果你爱我，你就该接受我的情感现实。”

我们爱的人的情感现实跟我们自己的不一样，这一认知可能会让人觉得焦虑不安，会让人觉得伴侣和自己很疏远。我们可能会这样问自己：“这个人在我的生活中做什么？我们完全是两个不同世界的人，我们对事物的理解完全不同，我们喜欢的东西也不一样，真难以想象我们当初是怎么走到一起的。跟一个如此没有共同之处的人，甚至世界观也跟我完全不一样的人一起生活，这真的可能吗？”我们可能会面临这样的选择，究竟是去重新认识对方，还是完全按照自己的情绪和情感行事？我们跟他人相处时，一定需要放弃自己的世界观、放弃自己的立场吗？

这种不同情感现实的冲突是不可避免的，因为它植根于人的感知特性之中。有时候，我们发现，即使是在最和谐的情感关系中，那些刚开始吸引了我们的特质背后，也隐藏着跟我们不一样的内容。我们可能对怎样教养孩子、怎样花钱、怎样掌控与家人朋友的关系这些问题的看法不一致，对性爱的态度和反应也不一致。

有时候，我们可能会觉得，我们与伴侣完全是两个不同世界的人，我们的伴侣我们一点也不熟悉，我们对同样的刺激、境况和事件经历有完全不同的反应，我们对同样的问题的理解不一致，我们也对正确和恰当的行为有不同的理解。毫无疑问，这些都会导致冲突，而冲突出现时，我们就不得不面对所有人际关系中的核心问题：既然我们的经历和感受都不一致，那我们该怎样跟他人共同生活呢？

我之所以写这本书，是想要减少伴侣们的冲突，尤其是看法和观念不一致引起的冲突。例如，你的伴侣担心会出现你认为不可能会发生的事，你会怎么做？你认为某件事一点也无关紧要，而你的伴侣却很恐慌，你会怎样处理？如果你们的育儿观念不一致，或者就是不能就怎样管理钱财达成一致意见，你会怎么办？

认识到伴侣和自己的不一致之后，伴侣们通常会采取如下五种常见的方式来处理：

1. 他们开始永无休止地争论谁才是正确的；两个人都觉得受到了伤害，都很恼怒，矛盾冲突不断；

2. 其中一人放弃自己原本的立场，竭尽所能地按伴侣的意愿去做，但两人的关系仍然缓和不了；

3. 伴侣中的一方或双方都决定终止这段感情，因为维系这段感情太麻烦了；

4. 一方或双方都做出情感上的让步，尽可能地避免沟通交流，但仍然觉得很受伤或恼怒；

5. 双方决定一起去探索幸福生活的秘诀，过上快乐且充实的生活，而不是因彼此的差异而失望、沮丧。

本书旨在让你们了解第五种处理方式的知识和技巧，让你们认识到彼此观念和认知上的差异，并利用这种差异去更好地了解彼此，以便培养出和谐、快乐而充实的情感关系。

爱本身不足以弥补所有的差异，能够解决这一问题的是我们在相处过程中学到的技巧。相处的过程中我们要么不断犯错并汲取经验，要么就是通过看书，参加相应的课程或进行心理咨询来学习这些技巧，让我们能够去选择快乐地生活，而不是为情悲伤叹息。

要解决因观念和看法不一致而起的冲突有很多种办法，在本书中，我介绍了一系列能帮你们解决问题的不同办法，而最佳的解决途径就是将我介绍的这些办法综合起来使用。

第一部分里，我介绍了一种对待婚姻关系的新方式，展示了为创造自己独特的情感现实，我们每个人是怎样以不同的方式与外部世界沟通联系的。这个前提是本书的中心内容。

第一部分的结尾，我提出了 11 条指导原则，这些原则对弥补差异非常重要。本书后面的每一章都分别详细阐述了一条指导原则，并提供了使用的相关技巧和方法。

第二部分介绍了上一部分介绍的前几条指导原则，介绍的是沟通和解决婚姻问题的方法。解决情感和认知不同的人的重大矛盾是极富挑战性的，而且解决的过程中可能产生有伤害性的争论。第 6 至 9 章介绍的指导原则能够降低矛盾发生的可能性，也能够有效缓解任何冲突引起的痛苦。

如果当事双方已经学会了以少责备和指控的方式表露自己的感受和情绪，那就更容易解决矛盾冲突（第 6 章）。你需要具备同理心，带着同理心去倾听，以避免因情感现实不同而产生的分歧（第 7 章）。当你发现自己参与了能引发冲突矛盾的事情时，你就能够制止那些事情的发生（第 8 章）。若矛盾仍然存在，那双方可以就矛盾冲突达成协议，合作解决问题（第 9 章）。

这些技巧能够帮助弥补夫妻之间主要的差异，甚至能够消除这些差异。

第三部分介绍了伴侣双方可以共同探索的、理解事物的新方法，并最终就此达成一致性的理解和认识。每一种方法对应了一条指导原则。你可能发现，你自己可能更喜欢某一种原则，这没关系，你可以随心所欲，按你所喜欢的原则行事。

第 10 章从价值观的问题开始。生活中最难的抉择并不是好与坏的抉择，好与坏的抉择并不难选，最难的抉择是在两个好的选项之中挑选一个，比如，我们既想要安全感，又想要自由；我们既想要创造力，又想要纪律规则；这些好的东西通常都是彼此对立的。做价值观抉择时，我们需要更重视或更优先考虑其中的一个。

第 11 章介绍了一种名为重新换框的技巧。我们的感受是由我们的感知经历（又称境况发生的环境或“框架”）所塑造的。例如，在某种情况下被视为无害的行为，在另一种情况下可能就是有害的。有时候，改变“框架”能让我们找到双方都能够接受的解决问题的办法。

第 12 章介绍了我们的最大“框架”，即自己的故事经历。我们已经学会了用一种约束了我们行为的框架来审视自己的人生，如，我们可能会这样告诉自己：“我是一个胆怯的人”或“我是一个多余的人”。有些人认为自己的人生很失败，他们经历的所有事情都能证实这一点。但我们都有过不一样的经历和经验，一个在社交场合自信心不足的人，回顾自己的所有经历，总能找到自己运用技巧，冷静处理社交事件的场景，从中他可以构建一个完全不同的人生故事。

你有没有注意过那些自己评论自己行为的心声，如“伙计，那样做很愚蠢”，或者“你能够掌控一切吗”，这种心声被称作“自我对话”，有的“自我对话”能够让我们巩固自己的努力成果，有的则可能让我们心情低落。在第 13 章里，我阐述了该怎样关注自己的心声，并利用它来让我们努力做出改变。

我们认为，自己的性格是独一无二的，但心理学家们称，我们的性格也包含多种附属性格。如果你与伴侣发生冲突的原因是你性格的某一方面与伴侣性格的某一方面有冲突，而彼此性格的其他方面都没有冲突，那该怎么办？这听起来很不可思议？你们可以从第 14 章中了解到，附属性格怎么会成为矛盾之源的。

正如我在第 15 章中所述的那样，我们的自我也是由许多相互矛盾的部分组成的。问题是，我们该怎样让这些相互矛盾的部分和谐共处，以面对生活中不可避免的考验和挑战。这可能让我们对现实产生与之前截然不同的看法和理解。

最后一章（结语）快速总结了本书中介绍的各种指导原则。

我建议，伴侣双方首先读完整本书，然后再来讨论本书有多少内容适用于你们双方。关键之处在于，你们是否都明白，你们都参与创造了自己的情感现实，并相信，你们能找到新的适用于你们俩的理解事情的方式。仔细阅读技巧部分，因为这些技巧能让你们以新的方式去理解婚姻生活，我推荐你们先使用这些技巧，然后回顾第三部分介绍的方法，并选择对你们最有效的方法。

尝试完本书推荐的所有方法可能需要几周、几个月甚至更长的时间，多年后，我们中的某些人可能还会继续尝试，这种尝试是值得的。要完全理解并掌握你为生活下的定义是需要时间的，开始的时候，你要学着去理解并接受自己应该为自己的情感现实负责的这种观念，这一点下面两章里我们会详细介绍。

总结

本书的目的是帮助减少伴侣们之间的冲突，尤其是因对现实的观念不同而引起的冲突。这些冲突之所以出现，皆是因为我们对现实都有自己的感知。观念不一致，乃至发生冲突，都是不可避免的。当我们将这些不一致归咎于他人的性格、道德观念，归咎于他人没有同理心时，矛盾冲突就会出现，想要解决掉这些矛盾冲突，我们就需要探索在我们的情感现实不一致的情况下，也能让我们和谐共处的办法。运用本书推荐的方法和原则，你们能够学会利用彼此观念的不同之处，培养出更深厚、更和谐的情感关系。

第2章　理解感受

我们出生时——也许还在母亲腹中时——就开始了解周围的事物了。大部分时候，我们需要了解的似乎是“在外面”——位于我们身体之外的，重要的东西似乎都是事先预备好的，我们的职责就是要去找到它。我们没有意识到，“在这里”——我们的内心深处的东西——才是决定我们了解其他事物的方式的关键所在。

人类是“寻求理解”的生物。这并不是说，我们对事件的看法和感受都是言之有理的。例如，一个五岁的孩子认为自己该为父母离婚负责，我们能够理解孩子为什么会有这种想法，但对其他人而言，这理由根本不成立。在夫妻离婚的问题上，孩子是没有任何责任的，孩子不是造成离婚的理由，也不能让父母不离婚，但他可能仍然觉得是自己的责任。

并不是只有孩子会根据不完整或不准确的信息做出对事件的理解和看法，我们都有因不完全或错误地理解了状况而恼怒生气的时候。通常我们只会经历短暂的情绪波动，然后继续过自己的生活。但我们通常都认识不到，我们对事情的理解都是由我们自认为知道的东西而产生的。

最近，我刚看了美国空军学院看门人威廉·克劳福德的故事。克劳福德日复一日地拿扫帚打扫厕所，他个性沉稳，不爱出风头，平常根本没有人会注意到他。然后，有一天，一名学员在研究二战资料时发现，克劳福德可能获得过荣誉勋章，这是军人的最高奖项。所有曾参过军的将士，都应该获得过各种勋章。勋章获得者的子女自动获得免费进入军事院校就读的机会，这样真的很不错。

那名学员后来还证实，威廉·克劳福德的确被授予过荣誉勋章。在意大利战场上，克劳福德单枪匹马摧毁了德国的三处机关枪阵地，让他们的战队占领了一个重要的山区阵地，但他后来被俘了，人们也都认为他应该被杀了，结果，他自然没有接受官方颁发的奖牌。查证了他的经历之后，空军学院的工作人员向里根总统申请，为他颁发勋章，然而，他却还是在空军学院看门。到目前为止，他也是唯一一个不属于空军部队，却专心在空军学院工作的人。

想一想，你每天都要见到，甚至还会对他吆五喝六的看门人，但某天你突然得知，他居然是荣誉勋章的获得者，这多尴尬啊！人们知道他曾获得荣誉勋章之后，他们对他的看法和感情也就都改变了。

通常，艺术都是反映生活的。黑泽明的经典电影《罗生门》讲述了一个戏剧性的谋杀故事，是以四位角色从不同角度来讲述的。每个角色的角度不同，所以他们的讲述也不一样，故事的意义也不一样。观看者根据自己对剧情的理解和看法，产生强烈的情感。观看者完全投入了剧情之中，也就会对剧情产生自己的理解。如果他们掌握了更多信息，对剧情有了不同的看法，他们的感受也会发生改变，他们甚至会因为最初的感受而觉得不好意思。

伴侣们相互分享彼此的痛苦经历时，有时候也会发生上述的状况。伴侣中的一方可能曾经遭到过虐待、辱骂，可能因父母控制欲太强而觉得倍感压力，可能因家庭贫困而觉得羞耻，另一方明白了这些经历，就能够理解他们为什么会按现有的方式去对待生活。

换言之，感受并不只受外部环境的影响。我们根据自己的期望、信仰和过去的经历赋予事件不同的意义。如果我们获得了关于发生的事情更详细的信息，或者站在了另一个角度，那么，即便是面对同样的事情，我们的感受也会不一样。

在我们培养对事情的认知时，别的人发挥了重要的作用，小时候，我们几乎完全依靠家人来判断事情的意义，随着我们逐渐长大，学校的教育也开始影响到我们。在我们的一生中，家人和朋友不断影响着我们对事物的认知和感受，我们生活的文化环境、我们自己对待事物的认知和感受也会对彼此产生影响。

社会科学家和心理学家们将我们身边影响我们思维和情感的人称为“解释性社群”，尤其是家庭，这些人能够创造一种文化氛围。家庭规则决定了谁能说自己的想法和感受（通常是父母），谁必须保持安静，默默地聆听（孩子）。在某些家庭里，所有人都必须遵循和谐的原则，不能吵架，而在某些家庭则可以直接公开地应对冲突矛盾，包括孩子在内。每个家庭都有不成文的规定，这些规定决定了父母在抚养孩子方面应该扮演什么角色。

在学校里，别人会将我们划为好学生和坏学生，我们知道这两者地位上的差异，这样我们也就知道谁是最出色的孩子。我们还学到了如何去感知不同的人、不同的文化，在某些文化中，学校等教育机构普遍强调尊重权威，而在另一些文化中则看重众生平等。

20 世纪中期，一位重要的思想家马歇尔·麦克卢汉曾称，文化就像一个圆玻璃屋顶，虽然你在屋顶下，但你自己是不知道的。如果我们周围的人跟我们信仰观念一致，那我们对事物的感受是差不多的，因为这种感受植根于我们的家庭、所处的社会或文化环境中。

观察社会观念的变化，可以看出，对待事物的情感也会随着观念的改变而改变。在美国的近现代史上，恐怕没有哪种变革比女性的地位变革更具戏剧性的了，自 20 世纪 70 年代起，人们对妇女在家庭和社会中所起的作用的看法发生了根本性的变化。女人经常对自己的抱负和社会期望感到矛盾：她们可能觉得自己应该有一份事业，但也认为自己应该重视家庭，应该跟孩子在一起，女人若改变了她对自己在家庭中扮演的角色的看法，那么她的伴侣也需要改变这种看法。

因为社会和文化观念改变了，所以，我们的情绪和情感也要改变。

自证预言

要探究根深蒂固的观念是如何影响我们的感知和情感的，我们面临的挑战之一就是，这个过程几乎是一瞬间完成的，这种影响的作用发生得太快，根本认识不到，我们经过判断而产生的感受，其实是根据观念而产生的。此外，一旦接受了一种观念，那这种观念不仅会影响到我们的感受，还会影响到行为。我们的行为都是根据那种观念而产生的，而观念通常就变成了“**自证预言**”。

自我证实的预言就是一种让我们做出产生预期结果的行为的

想法，换言之，因为我们期待发生什么事，我们就会做出能实现这一期待的行为，而出现的结果也证实了我们的期待是正确的。

琼和大卫结婚近十年了，琼发现，大卫是个冷漠的人，他似乎对什么都不感兴趣，不跟她说话，不亲吻她，不爱抚她，甚至也不注意她，她感觉遭到了丈夫的排斥。虽然她想要跟他有情感交流，但下班回家后，她也表现得很冷漠，就像遭到了丈夫排斥一样。因为她认为他是冷漠的个性，所以他一进门她就觉得受伤，她就开始挖苦他。他感觉受到了攻击，于是就关闭了心门，完成了她的期待。琼根本没认识到，自己在让丈夫变得情感冷漠的过程中扮演的角色。无论如何，他可能的确是冷漠的，这一点我们无从得知，因为她总是给他充分的理由让他去那样做。感觉遭到了排斥，她也就会做出遭到排斥时所做的行为来。

想一想，如果她这样说："我希望跟你更亲近一些，我想要给你大大的拥抱，然后聊一会儿天。"如果琼这样说，那她就可能得到自己希望大卫做出的回应。

在自我证实的预言里，我们根深蒂固的观念影响了我们对他人做出的行为，那些行为也会诱导出他人的观念想法，刺激他们对我们做出我们希望他们做出的行为，而这些行为也证实了我们最初的观念。

以下是一个简单的案例：

有些人参加了一项晋升学位的课程。要顺利晋升，他们就要获得B学分，经过一段时间的学习，他们参加了测试，每个人都获得了C学分。

比尔因为获得的这个学分不满意而沮丧灰心，他这样告诉自己："我根本通不过考试，这种简单的试题我都得不到B学分。"比尔非常沮丧，所以他放弃了继续努力，结果最终的测试里他获得了D学分。因为他认为自己不是好学生，所以他也用行动证实了这一点。

茱蒂丝对自己获得的学分感到失望，她告诉自己："我很擅长这一门课程，这还只是一次期中考试。我打赌，如果我再努努力，下次考试我一定能得B。"所以她很努力地学习，终于获得了一个B，还差一点就到A了。她相信只要努力就会获得高分，她也证实了这一点。

瑞吉娜对获得这个学分感到恼火，她认为，老师并不喜欢她。这种观念可能会影响她按至少如下两种方式行事：她可能会想："我要向老师证明我自己。"然后努力学习，获得不错的分数，或者会认为，因为老师不喜欢她，那么无论她怎么努力都是没用的，然后她就会放弃努力，获得低分。瑞吉娜想的是，因为老师不喜欢她，所以努力获得高分是没有希望的。她也就放弃了继续努力，后来的课程学习表现也很不好。

这三个人都经历了同一件事：考试获得了 C 学分。因为他们对这一件事产生了不同的情绪反应，所以他们就根据自己的感受采取了不一样的行为。例如，比尔就证明了自己不擅长学习，茱蒂丝则证明了自己是一个优秀的学生，只要付出努力就会考好。瑞吉娜则没有做任何努力让老师有理由喜欢她，而这也导致了她获得了她预料中的糟糕分数。

我们对事情的态度和理解会影响到我们的行为方式，同样地，我们的行为方式也会促使他人做出我们希望他们做出的行为，而这一结果就证实了我们总是正确的这种观念。

在一个古希腊神话传说中，塞浦路斯王皮格马利翁是一个雕塑家，他爱上了自己雕刻出来的一座少女雕像，后来因为他不断祈祷，这雕像果然有了生命。心理学家们用皮格马利翁效应来阐述，我们的期望会让人做出实现我们期望的行为来。例如，领导的高期望可能会让下属改善自己的表现。（与皮格马利翁效应相对的是高莱姆效应，也就是说期望值低，那么表现力也会低。）

有一个案例，生动展现了皮格马利翁效应，案例中，实验人员让某学校某个班的所有学生都接受了智商测试，暑期时，实验人员会见了这个班的老师们，并告诉他们，班上的某些学生来年会变“聪明”，并且将学生的名字告诉了老师们，实际上，这些学生都是随机挑选出来的，没有什么能证明他们比别的学生更优秀。学期结束后，学生们会再次接受智商测试。尽管老师们并没有意识到自己对那些“聪明”的学生们的态度有什么不同，但他们的确比其他的学生表现更好。老师们认为，这些学生们会表现得更好，这种想法莫名其妙地影响了学生，让他们做出更好的表现来。这一研究是在20世纪60年代进行的，它的确让人更明白，老师的期许对学生的影响有多大。

鼓励他人做出我们想要的行为

即便我们自己有时候认识不到这一点，但我们的观念和想法的确会影响到他人的行为。我们必须关注自己的想法和观念，甚至要考虑为了鼓励他人做出我们想要的行为而改变自己的想法和观念。

伊内兹就讲述了一个自己曾为了让他人做出自己想要的行为而改变自己行为的故事：

“过去的很多年里，我都因为母亲没跟我说过‘我爱你’而觉得很受伤。我知道，她成长过程中也没有这样的经历，而她也从没有对我们这些孩子说过这样的话。我也承袭了这一习惯，不会跟我在乎的人说我爱他们。我是教授他人沟通技巧的训练师，我认为我应该‘言行一致’。经过一番努力，我发现我能够对生命中所有重要的人说‘我爱你’，但我妈除外，许多的经历和想法观念束缚了我。

“我决定像我在课堂上教导他人的那样，去告诉母亲我爱她，我也知道，我不跟她说‘我爱你’，其实只是因为她也没跟我说过，我决定，不管她会做出什么反应，我都要跟她说。那时她至少80岁了，我去看她，离开她时，我亲吻了她的耳朵，然后告诉她：‘我爱你。’她什么反应也没有，那之后每次跟她告别，我都会说‘我爱你’，当第二次告别时，我好像听到了她咕哝着说了句什么，显然她并不适应。几个月之后，她终于学会了说‘我也爱你’。我对自己感觉好多了，而且因为如此，我也觉得，我跟她也亲近多了。”

伊内兹一直沉浸在受伤和恼怒中无法自拔。但她决定为了她想要的改变而改变自己的行为时，一切也都发生了改变。为了达到改变的目的，她必须放弃让母亲自动说“我爱你”的想法。我们都需要重新评估我们赋予事件的意义，如果我们的行为并没有让他人做出我们想要的结果，那我们必须自己承担责任。

伊内兹必须自己行动，不能要求或期待自己的母亲改变。即便如此，她的改变也收到了成效。想一想，当你和你的伴侣也一起去探究，你们无意识的想法会怎样影响你们的关系时，这会对你们产生多大的影响？这也是我们接下来要阐述的内容。

总结

感受并不只是外界环境影响的结果。我们根据自己的期许、信仰、想法和过去的经历而赋予当前的事件意义，这些意义也就反映了我们的感受。如果我们了解了更多的相关信息，或者站在全新的角度去看待事件，那么尽管是同样的事件，我们的感受也会变得不一样。我们都在努力向他人解释事情的意义。一旦我们接受了某种观念，那么这种想法不仅会影响我们的感受，也会影响我们的行为。我们根据这种观念做出行为，我们的观念也就变成了“自证预言”。我们对事件的理解会影响我们的行为，而我们的行为方式也会促使他人做出我们想要的行为结果来。我们能够学会改善自己的行为，来促使他人做出我们想要的行为。

第3章　创造现实

我们每个人都创造了自己的情感现实，我们通过赋予生命中发生之事的意义、重要性和价值来创造自己的情绪和情感，然后我们会做出相应的行动，来让他人确认我们的观念和想法。从某种程度上来说，我们的情感现实让我们预测事件，并影响我们的生活体验。

当我们错误地认为所经历的现实是客观的，且只由“外面”的事件决定时，问题就出现了。当我们因他人而深感受伤时，我们所遭受的痛苦似乎就是那人的确想要伤害我们的确实证据。我们很难认识到，我们的体验是由我们内心的情感和情绪所决定的，而不是对方的行为所决定的。

我们创造了自己的情感现实，这一点是违背直觉的。大部分时候，我们感受到的情绪和情感是由外在的事件引起的，而这一观念也得到了我们的文化环境的巩固。例如，我们都听过这样的歌词“你让我想跳舞”，这歌词正好证实了我们的感受完全是由他人和外部环境决定的观念。

我们总是将自己视作外在环境的被动接受者，但这样的观念让我们遭受情感痛苦时，我们就应该停下脚步，考虑一下我们的观念是否是对的。

“外在”有什么?

近年来的神经学研究证实了我们感受的现实是由自己的内心而生的，而不是外部事件影响的结果（见下栏）。

神经科学怎么证实我们创造了现实?

因为我们的情感和情绪似乎是没有经过有意识的思维就爆发出来的，所以我们就认为，外部的事件是引起我们感受的原因。多年来，也都有相关的研究证实了这一观念，然而，近些年来，神经科学的相关研究提出了与此相反的结论。英国苏塞克斯大学认知和计算神经科学教授安妮尔·赛斯对最新的神经科学研究做出了如下总结：我们的观念和想法并不是由外部世界传输给大脑的信号决定的，而是由我们体内的神经传输给大脑的观念信息决定的。我们不只是被动地感知外部世界，也在主动创造现实。我们对世界的经验更多的是由我们由内而外创造的，而不只是由外而内影响的结果。

在赛斯教授看来，大脑接收了新的外部信息之后，就会根据先前储存的大量记忆信息来“预测”新信息的含义。我们日常生活中大部分时间都是在做同样的事情，所以对这些事情的预测信息准确度也很高。但即便如此，大脑也总是在调整和完善这些预测信息。发生了新的事情时，大脑会根据以往经历做出多种预测，然后再根据新情况提供的新信息做出调整和完善。

在英国给学生们授课时，赛斯教授通过播放一段录音来演示大脑是如何做出预测的。在这段录音中，说话者所说的一切都是杂乱的、难以理解的，再播放一次，也没有人听明白。随后他播放了一段这个说话者吐字清晰的录音：“我觉得英国脱欧真是糟糕的决策。”最后又重新播放了原始录音，这一次，听众们可以清楚地分辨出“我觉得英国脱欧真是糟糕的决策”。录音的内容没变，不过既然大脑有了更详尽的信息，它就会将词句补充完整。我们听到的内容是综合了说话者实际说的内容，和大脑根据清晰的录音内容做出的预测信息而得出的结果。

换言之，大脑在塑造你的经验的过程中起到了重要作用，其重要性远超过你的意料。美国东北大学哲学系教授丽莎·费德曼·巴雷特称：

> 无论你觉得自己自控能力好不好，你的控制网络……总是在塑造你的预测过程和预测错误，以让你在多种行为中做出选择。该控制网络只能根据你获得的信息来进行运作和处理。所以，问题就在于，你是否为你的行为观念负责？当然不是所有的行为观念，你是婴幼儿时，自然无法选择别人加给你的观念和思想。但作为成人，你绝对有选择的余地，你可以选择自己要知道什么，可以选择去学习什么，这也就形成了最终驱使你行动的理念，无论你的行为是不是有意为之。所以，“负责”就意味着改变观念要经过深思熟虑。

因为我们的许多经验都是由我们大脑中储存的信息决定的，

所以我的情感经验和你的情感经验必然是不同的，有时候甚至是截然相反的。但我们的确也有机会去影响大脑做出的预测，直到我们找到了对我们双方而言都有效的信息为止。

虽然我们各自的情感现实不一样，但这并不是说，我们就没有共同的现实体验。过马路的时候，我们发现有车朝我们这个方向驶来，就会露出恐惧或警醒的神情，以让我们采取行动避开车辆，避免被撞到。

我们并没有造成这件事的发生——鲁莽的司机开快车——但我们的确创造了自己独特的情感反应，有些人可能经历了短暂的生理刺激——肾上腺素激增、呼吸急促等——之后就会平静下来，而有些人则可能要花好多天才能平复心情。

如果亲密关系的双方对同样的事情有不同的反应，就可能产生严重的问题，对某些人而言，这问题威胁力太大，甚至会影响到他们的关系，这些情感现实的不同显然是不可避免的。

本书想要告诉你们的是，你们要想变得更亲近，不是要让彼此的感受和认知来达到一致，事实上，这些不一致也可能是你们双方相互学习的机会。

总结

大多数时候，我们的情感体验都是由外在现实事物引起的，但当这些对现实的解释开始让我们的关系变得痛苦时，是时候放慢脚步，考虑我们的解释是否真的合理。最近的神经科学研究支持这样一种观点：我们由内而外产生自己的现实，而不是仅仅对外部事件做出反应，因为我们所经历的很多事情都是在我们自己的大脑中产生的，所以不可避免地，我的现实和你的现实会有所不同。但我们能够干涉大脑做出预测的过程，找到适合我们双方的解决办法。

第4章　差异为师

我们接近他人时，很快就会发现，他们的情感现实跟我们的并不完全相同。这时，我们就会争论谁是“对的”，通常这种争论会让我们一直陷于痛苦中。

以下是一段由情感现实不同而引起的冲突：

罗恩的家庭很注重成员之间的忠诚度。他的父母是违背父母之意结合的，所以经常感觉孤立无援，他们都认为，所有人都不看好他们，随着家庭成员的增多，他们都认为，他们要彼此支持以对抗每一个外人，因此，罗恩的家人都有一种共同的信念，“如果你爱我，那你就会容忍我所有的缺点。相应地，因为我爱你，所以我也会容忍你的所有缺点。”

而罗恩的妻子普莉希拉生长在一个关系融洽的家庭，他们的感情都是公开表达的，有时候还说得很大声。家庭成员之间是相互帮助和改善彼此，以让彼此生活得更好，而不是盲目地维护彼此。他们认为，“如果你爱我，你就会给我建设性的意见，帮我改正错误，而我也会为此而努力。我也会为了爱你，在我认为你能够接受时给你建设性的意见。”他们的这种家庭观念也延伸到了子女交往的异性身上，如果子女们认识的异性也希望能融入他们的家庭，那他们也应当能接受家人的批评。

罗恩和普莉希拉对彼此很有好感，罗恩认为，普莉希拉很热情，很有魅力，而普莉希拉认为罗恩很独立，很有主见。普莉希拉很看重这一点，因为她发现她难以摆脱家人，总是会受到他们的约束。

不过，现在结婚多年，罗恩和普莉希拉都很难过，觉得彼此不合适。普莉希拉做出自认为是有爱的行为时——如指出罗恩要怎样才会在工作中做得更好，指出孩子们为什么不太关心罗恩时——他做出的回应就像是受到了攻击一样。

罗恩认为，她提出批评和建议就是想要伤害他，否定他，尤其是，如果她在关系亲近的朋友们面前批评他，他就会很尴尬，就像被她出卖了一样。而每一次她努力表现关爱和支持的时候，都会指出罗恩可以改善的地方，这样他就觉得很受伤，好像她做得很无情、很刻薄一样。她也会开始担心，罗恩不是真的爱她，因为他没有告诉她，她应该怎样做，他才会满意。

因为罗恩和普莉希拉接受的观念是各自不同的家庭灌输给他们的，所以他们表达爱的方式也是不一样的。他们都是按自己以为正常的表达方式去表达爱的，但他们却都将彼此的行为当成了对方不爱自己的表现。

他们的冲突是因为他们彼此对指出伴侣的缺点的观念不同而引起的。罗恩认为，普莉希拉想要改正他的缺点的习惯很伤人，让他觉得她心里没有他，不爱他，他还认为，她的批评会威胁到他们的关系。而普莉希拉则认为，帮助罗恩改正缺点正是她深爱他的表现，罗恩不纠正她的缺点，她就认为罗恩不关心她。

罗恩和普莉希拉都是在各自的原生家庭中接受这些观念的。他们都觉得，质疑和否认他们的观念就是在批评、指责自己的家人。

从伴侣的不同观念中学习的指导建议

这不是一场可以很快结束的分歧之战，努力证实谁是对的并不能解决问题。罗恩和普莉希拉要怎样处理他们之间的分歧，而不因这场冲突而彼此疏远呢？如果你们有这么大的分歧，那你们怎么能共同生活下去呢？

解决的办法就是，开发出一种新的沟通方式，彼此尊重各自独立的情感空间，允许彼此保有自己的看法，让他们毫无顾忌地说出自己的真实想法和感受。

这种办法有 11 条指导原则，本书后文将对此进行详述，也能够让你们互相认识你们彼此的不同之处，而不是为这些不同而冲突吵闹。

1. 在肯定和信任自己的情感现实的同时，要承认每一个人都有权以自己的方式去观察和体验周围的世界（他们自己的情感现实）。

你们彼此都尊重各自的情感现实，而不是将自己的观念和想法当作唯一的真理。一旦你们开始争论谁是对的，或者认为对方是不理智的、受到误导的、情绪失控的，那么你们就只会无休止地争论下去。

你们的感受和情绪是合情合理的，也是你们自己观念和看法的一部分，但如果你们换一个角度去看待引发这些感受和情绪的事件，那么，这些感受和情绪就会很快发生改变。

那么，首先就该接受这样一种观念，即你们对同样的事情的感受和体验是完全不同的，你们必须接受，对方的感受和体验是遵循他们的情感现实规律的，是他们以自己的经历和体会而得出的，这些感受和体验并没有什么问题。

虽然我们许多人能够很理性地接受这种观念，但我们大部分人内心里是难以接受的。

2. 跟他人相互坦陈自己的感受和看法，而不要去挑别人的错处。

我们对事物的看法和感受可能正适合我们自己，但却不太适合他人。我们选择看待事物的立场，但无须让其他人按我们的立场去看待事物。我们要能够不再这样认为，别人赞同我们就是在爱我们，也要不再这样认为，如果他人跟我们的看法不一致，那就是他们不爱我们的表现。

第 5 章介绍的指导原则就是，让大家用一种新方式去沟通交流，接受彼此的不同观念。这里介绍的一个概念即“回应能力”——也就是对他人做出反应的能力——能让我们识别和避免植根于指责或批评的沟通方式。要具备这种能力，我们应该要认识到，虽然我们有自己的感受和观念，但我们并不完全明白自己的感受和观念，相反地，我们总是就自己的感受以及感受产生的缘由进行解释和说明。即便他人的沟通方式让我们激动不已，我们也要理智地选择自己的回应方式。

3. 倾听既要用脑也要用心，即便你仍然不同意他人的看法和观念。

当我们与不同情感现实的人发生冲突和矛盾时，总会有遭到威胁或者害怕的感觉。我们会将他人当作与自己观念不容的异类，认为对方的思想是一种抽象的存在，我们经常会这样说："你总是不改变自己""那样做才是真男人"。我们甚至可能将对方当作挑衅者，当作想让我们走上邪路的坏蛋。

如果我们将对方视为对手或敌人，我们就会让这种观念成为自我证实的预言。因为我们的观念狭隘，所以我们只会去关注他人身上令人不满的特质，我们会做出让他们体现出这些特质的行为来。通常，我们都认为，我们的痛苦就是我们认为让我们痛苦的人造成的，他是一位残忍的对手，事实上，这位残忍的对手也是我们自创的。

还有另一条途径：学会用同理心。同理心就是至少从某种程度上体验他人经历的能力。这能帮你理解他人的感受和观念，但这不意味着你能取代他人的位置，你只是能够自己体验站在他人位置上是什么感受。同理心让我们进入了我们所爱之人的情感现实，因此即便我们有不同的态度观念和情感，我们都会有同样的经历体验。

第 7 章总结了基本的倾听技巧，特别是积极倾听的技巧，这种技能让你在肯定自己观念和立场的同时，接受他人的情感现实。如果这些技能将我们带进陌生的世界里，那至少我们是跟我们所爱的人同行的，而且对方是识路的。

4. 学会辨识那些让矛盾冲突升级的行为，设定彼此都能接受的规则来限制这样的行为。

冲突，尤其是伴侣间的冲突，可能因为一点点小事就爆发了。令人悲伤的是，这些冲突和争吵可以升级到让双方都感到受伤、愤怒、被抛弃的感受和情绪。

冲突和矛盾不全是自然而然地失去控制的，它们之所以升级恶化是因为当事双方做出的行为不当，甚至这种升级也是可以预测的。当事双方都为自己的行为进行辩护，就像是要报复别人所说所做的一切一样。事实上，这也就是说，当事双方都没有为自己的行为负责。

在第 8 章里，我们将了解到怎样预测冲突何时升级，并探究那些能让矛盾冲突终止恶化的行为。

5. 用解决问题的态度说话，说："我们有个问题"，而不要说"你就是个问题"。

许多人开始解决问题时都抱着这样的观念，就是自己的伴侣是解决问题的障碍所在。如果双方都将对方视为对手，那么就很难找到彼此都能接受的解决办法。只要抱着"我们遇到了点问题"的态度，双方就能够尽可能地去找可以考虑的替代解决方案。

第9章介绍了解决问题的步骤。这样的步骤能让你们关注“我们”，而且还表明了达成一项双方都能接受的结果的基本条件。

6. 寻找伴侣观念的积极面，即使伴侣反对你认为重要的事情。

生活中绝大多数艰难的抉择并不是好与坏的抉择，而是在两种相互冲突的好的东西中选其一。例如，接受另一个城市里的职位可能会对你的经济状况有利，并促进你的职业发展，但获得这些利益的代价是，你需要牺牲你和你的孩子在现在居住的社区中建立的人际关系。升职是好事，而你曾经建立的人际关系也很棒。

这也让许多抉择变得艰难：你必须决定，哪一种好事比其他的好事更重要。我们真正的抉择是，在特定的情况下，哪种选择是最重要的。通常，我们都会同意，这些事情都很好，但我们各自却对哪一种更重要有自己的看法。

这些抉择被称作价值抉择，因为需要我们权衡各自所重视的不同事物，这些抉择通常都会升级到该怎样花钱的问题上。我们现在享有的事物究竟有多重要，为将来存钱又有何意义呢？多花点钱买一辆好车真的值得吗？还是我们应该只花适当的钱买一辆能用的车?

伴侣之间的许多冲突都涉及这种抉择问题，我们所喜欢的选项反映了我们在特定情况下对最重要的东西的理解，每一次抉择都需要把握两种或多种好选择之间的平衡。

我们争论该做什么抉择时，通常都将自己的伴侣视为反对我们认为正确的观念的对手；相应地，我们的伴侣也会觉得我们低估了他们的选择的价值和重要性。处理价值观念不同的问题的关键原则在于，要认识到你的伴侣不是在跟你唱反调，你跟对方只是对事物的重要性有不同的看法而已。

7. 找寻你们都赞成的新方式去看待现实。

我们遭遇任何事情时，都会按照自己的看法、观念和情绪去理解这些事情。我们通过自己内心的观念和看法“框定”情境。

我们感知经历的旧方式可能会给我们带来不必要的约束，它们会让我们无法探索和利用自己的能力，无法让我们做出最有利于自己的抉择，它们甚至也是伴侣们因各自情绪和情感爆发而使感情陷入僵局的元凶。

如果你和你的伴侣冲突不断，你可能要打破框架，重新“定义”你们的状况，找到另一种方式去理解它，让你们接受彼此的情感现实。

8. 根据需要重构人生故事，创造新的选择，释放能力。

改变你生活的方式之一就是要修改你的人生故事，通过寻找与你现在对生活的思考方式相矛盾的过去事件，你也许能够找回自己的一部分，并重构一个新的人生故事，既能满足你的情感现实，也能满足你伴侣的情感现实。你可能会发现，你能够以一种以前从未想过的方式做出不一样的行为来。

9. 审视自己的自我对话，确保它对你有意义，在需要的时候也可以进行修改。

我们内心里都有一个声音评论自己的所作所为，好坏都有，心理学家将这种内在交流称为自我对话。从小我们就从父母和其他成人那里了解到我们大部分的自我对话，有些自我对话很适用于我们，有一些则约束了我们的行为，不适用于成年后的我们。大部分的这种自我对话都是消极的，改变你内心消极的自我对话，就能够有效改变你对自己的观念和态度，包括你对待冲突的态度和做出的行为。

10. 了解人格的不同方面，让它们相互对话。

我们大部分人都认为，自己的个性特征是单一的，然而，我们经常会遇到一些让我们觉得自己精神分裂的事情，好像我们的内心里住着两个个性完全相互独立的自我，我们甚至会这样说："我脑海中的一个声音叫我继续前行，勇敢去做，但总还会听到另一个声音提醒我谨慎小心。"

解决因不同的情感现实引起的争端，我们需要学着认识自己个性的不同方面，并确认在特定的时间里，哪种个性是占主导的。在第 14 章中，我们探讨了人格的动态变化，这可能是我们为什么会有特定的情感现实，以及为什么我们觉得有必要用我们的方式来捍卫它的根基。

11. 接受差异，让关系更加丰富多彩。

当我们寻求两性关系的真理时，我们与他人的不同之处就能成为我们彼此的教材。在认识和了解对方的不同观念时，你们可能会发现关于如何处理情感问题的一部分事实真相，但迄今为止，在这一方面并没有什么"真理"可以适用于解决任何问题。即便你们遭遇了不同观念带来的问题，只有跟对方一起去探索，才能够巩固你们的关系。

这种共同探索带来的最大好处之一就是，当你将他人的看法观念与自己的看法观念糅合起来时，对方可能也会找到能够提高你们生活质量的真理。

寻找那些新的理解现实的方法和原则，让你们能够接受并容纳彼此的看法观念和感受。最后，当你们能够达成统一意见，将你们彼此的看法观念糅合成“我们的”看法观念时，你们的冲突就能够终止。这样，你既尊重了自己内心的想法和情感，也尊重了你伴侣的想法和情感。你们将你们的不同之处当作了老师，让你们更深入地理解彼此，对彼此的爱也更深刻。

接下来的每一章都介绍了一条指导原则，某些章节还介绍了需要实践才能掌握的相应技巧，这样，也是另一种将差异视为学习的机会。

总结

争论究竟谁对谁错，这个过程通常都是冗长而令人痛苦的。我们只有采取新的沟通方式，尊重彼此的情感现实，尊重彼此内心的真实想法，让彼此毫无顾忌地表达出自己的感受和想法，这样纷争才能得以解决。

第二部分

伴侣沟通的技巧

第 5 章　回应能力

在肯定和相信自己的同时，认同每个人都有权利保有自己看待和体验事情的方式（他们自己的情感现实）。

如果你想要摆脱因伴侣双方的现实不同而引起的冲突，那第一步就需要去探索你对这段情感关系的理解，去弄明白这段情感关系对你的意义何在。如果你觉得这些理解和意义不再适用于你了，那你就应该去找寻更适用于你的意义。

正如我们在第 2 章里所读到的那样，我们的感受不只是由外部事件引起的。某人对我们说了什么，然后我们就会体验到某种感受，我们就会觉得，是对方的话让我们产生了这种感受。但是，只有我们赋予某件事某种意义时，比如他人的评论，我们赋予它特定的含义，我们才会产生某种感受。这个过程通常发生得很快，我们根本意识不到，这是一种下意识的过程。这一点至关重要。一只剑齿虎跳出灌木丛，如果我们的祖先一直在考虑其到来究竟意味着什么，而没有真正去做准备，是不利于生存的。

事情始终在发生——或许是我们在新闻报道中看到的一个故事——我们都不知道它对我们而言意味着什么，结果，我们也就没有什么感受。不赋予它含义，事件本身是不能让我们有任何感受的。

我记得，我们的孩子十几岁时就发生过这样的事，那时手机还没有问世，孩子们跟朋友们出去玩或去约会了，回家比平常晚了一个小时，而这期间我们又不知道他们究竟出了什么事，我们先会觉得恐慌，然后就恼怒，我们真不知道心里究竟是什么感觉，直到他们回来并给我们解释了事情的来龙去脉之后，我们才会安心。

我们很快就下意识地给事情下了定义，通常连我们自己都难以察觉，但如果我们有意识地进行思考，这个下定义的过程就会减缓速度，这样，我们就能够掌控局面，学会以新的方式去理解发生的事，我们就会产生不同的感受，采取不同的行为。

激烈的反应发生得很迅速，而且是我们未经思考而做出的，但应对方式则是一种选择。你应该要弄明白，情感关系对你有什么意义，没有弄明白的人只会做出激烈的反应，不能随心所欲地做出理智的应对。从某种程度上而言，我们的确是自己信仰和观念的人质，然而，我们能够自己学会不按照陈旧的观念自动做出激烈的反应，只有更加注重有意识地去进行判断和解读事件，我们才能够获得“回应能力”。

有人这样描述学习“回应能力”：“过去，如果发生了我不知道该如何去掌控局势的事情，我就会僵住，就像面对真实的威胁时一样。现在，我已经学会了识别面对威胁时我做出的身体反应，我也知道，如果我动一动自己的肢体，快走或说话，我就能克服僵化的反应，这样，我也能很快恢复理智。”

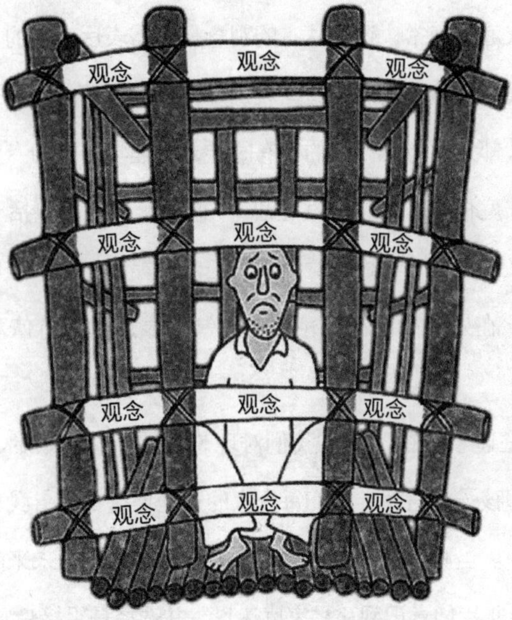

图 5-1　掌握了回应能力，我们就不再是自己观念的囚徒了

学习回应能力可以自己独立进行，也可以找人咨询指导，但如果情感关系中的双方一起努力，那这个过程就会更轻松、更快捷。你们共同分享这段学习过程中学到的知识，以及遭遇的问题，你们的关系也会变得更亲近。

家庭迷思

年幼时，我们都是通过家人来形成自己对现实的观念和看法的。事实上，你们如果愿意接受彼此的这些观念，你们就能够组合成家庭。通常，这些共有的观念是不需表达出来的，家人们可能也没有公然地去测验这些观念是否正确合理。因为这些观念和想法大都是下意识产生的，有时候，心理学方面的专业人士称之为“家庭催眠”或“家庭迷思”。这些迷思可能包括对关系亲疏的定义，对公平与否、对错观念的定义等，伴侣双方可能还会划定彼此在婚姻中的权利范围，并制定表达爱和价值观的相应方式。

家庭迷思往往能定义我们对理想配偶、理想婚姻、理想家庭和理想孩子的看法，我们每个人的这些期待都源自我们成长的家庭之中。当我们还是孩子的时候，我们就学会了未来的家庭角色——除非我们意识到这种家庭迷思，并选择是否接受它。

有些家庭迷思会对家庭成员造成不利的影响。例如，家里父母亲如有一位或两位都酗酒或有心理疾病，那么，家庭就会产生一个迷思——也就是导致家人否认这个现实，从而导致这些家庭里的孩子们酗酒、患上心理疾病，找的伴侣也是酗酒或有心理疾病的。

每个人都是带着原生家庭的迷思与他人建立情感关系的。即便我们认为，我们与家人的关系并不那么亲近，但他们的信念可能还是会影响到我们的感情生活，因为我们并未对这些信念重新进行审核。

我们以下面案例为证。

朱迪的家人们都自豪地认为自己属于工人阶级，这不仅是因为他们一家三代都在钢铁厂上班，他们还强烈排斥与工人阶级身份不符的行为，而且他们也只能接受某些品牌的小汽车。有啤酒可选的时候，没有人会一直喝葡萄酒，但是，他们家人都承受着不能“超越自我”的压力，不能接受过多的教育，不能购买非常昂贵的房子或“表现得与自己的阶层不符”，在朱迪的家人看来，成功就是受到其他工人阶级的尊重和喜爱。

朱迪考上了州立大学，并获得了学士学位，她打破了家庭阶层的局限。读大学期间，她认识了戴维，也爱上了他，他的父亲是一家《财富》杂志五百强企业的高级销售经理。戴维的父亲来自一个移民家庭，完全是靠努力才获得如今的地位的，他没有大学文凭，事实上，因为戴维的祖父所属的公司倒闭，戴维的父亲才从大学辍学，出来帮助父母养家。现在，他们家人都以戴维为傲，因为他是家里第一个获得大学文凭的人。

戴维和朱迪结婚时，两家的关系很紧张。戴维的家人们为他们的婚礼提出的很多建议，在朱迪的家人看来，这就证明戴维的家人们认为他们做得还不够好。为了避免这种紧张局面，戴维和朱迪都接受了距离两家都有点距离的某城工作，他们都认为，他们已经摆脱了家人，但没有像曾经那样获得家人的强力支持，他们又都觉得孤独。

朱迪和戴维都有工作，所以他们能够各买一辆新车，甚至买一栋新房子，但每次他们决定购买时，都会爆发激烈的冲突。戴维认为买车买房是对取得成功的奖励，朱迪却认为这只是虚张声势，她甚至还有一种对原生家庭不忠的模糊感觉。朱迪和戴维试图讨论这些问题，但他们的讨论通常都会变成对对方家人的攻击，他们都相互指责，他们更在乎各自的家人，而不是他们彼此。

家庭迷思会让人有归属感，坚持家庭迷思是联结家庭的纽带。如果家庭迷思遭到了质疑和反对——当我们产生了与家庭迷思不符的想法、感受，做出了不同的行为时——我们就会觉得我们是家庭的叛徒，或我们是在抵制自己的家人，我们就会觉得自己被家人抛弃或否定了。即便没有家人在身边，我们内心的声音也能有效地监督我们做出的行为。

朱迪的家人们以工人阶级出身来定义自己，既然戴维和朱迪组建了家庭，她就把他追求更好生活的行为看作是对她家人的攻击，她认为，如果她赞成戴维的做法，她就会有负疚感。

而在戴维看来，朱迪坚持工人阶级做派的行为是不可理解的。戴维的移民家庭努力了三代才摆脱了贫困以及所有与之相关的东西，戴维认为，他的妻子应该支持他，去证实他家人的成功。她若不支持他，他就认为，她是“深陷不理智的罪恶感之中”了。戴维和朱迪都觉得，自己的原生家庭迷思遭到了攻击，却又都认识不到，自己的身份与这些家庭迷思有多么息息相关。

家庭迷思在我们学习怎样处理矛盾冲突的过程中发挥了重要作用。我就生长在一个不喜欢发生矛盾冲突的家庭中，我的家人们从不讨论谁跟谁意见不同，孩子们发生争吵会遭到父母厌恶，他们从不公开讨论冲突矛盾。这样的家庭迷思可能会让孩子们避免冲突，抑制自己的感受，不信任自己的感受。有这样的观念，就会产生避免和抑制冲突的行为，在这样的家庭中，妻子一般是顺从丈夫的，这种关系中的权力失衡是由家庭内部的文化和宗教造成的——至少从表面上来看是如此。事实上，在我家里，只有经过了父亲的认可，母亲才会去管理家里的一切。

而我妻子生长在一个开明的家庭之中，在父母面前可以去维护自己的观点。在这种环境下成长，你可以提出你的观点，你的观点也会遭到别人的质疑，这样，争执就是家常便饭，通常，吵着吵着，人就忘记了最初争论的究竟是什么问题，而且，冲突总也得不到解决，家庭成员们的关系也会越来越疏远。

我带着我原生家庭的迷思进入婚姻，我妻子也持着她的原生家庭迷思进入婚姻，经过一系列痛苦而伤人的矛盾冲突——并就此进行过婚姻咨询之后——我们开始为处理矛盾冲突设定我们自己的规则，我们为在冲突矛盾中彼此做出的行为设限，例如，认识到选择时间的重要性，我们就都同意该怎样设定讨论问题的时间，矛盾发生时，她总是想要马上就说清楚一切，而我却不想马上就讨论，想先冷静一下，于是，我们就商量决定，时间限于矛盾发生二十四小时内双方都能接受的某个时间点；我们也同意争吵的时候不将问题升级，一次只谈论一件事，其他的问题都可以再讨论；我们都同意不将别人的评论当武器，只讨论我们自己的想法和感受，而不将别人可能会有的看法和说法带进来，我们面对的状况是我们遇到的问题，别人遇到的情况可能跟我们完全不同。

避免因家庭观念和规则不同导致冲突的唯一办法，就是商讨出你们自己这个小家庭的规则，只接受你们双方为你们的关系带来的不同的规则，如果双方不制定相应的规则，就会产生矛盾冲突。

辨识让你们感到困扰的行为，然后讨论什么样的行为规则是你们双方都能接受的。双方都应独立思考这些问题，然后你们可以一起商讨，试一试这些新的规则，你们可能还需要时不时地评估这些规则的实施情况究竟如何。

因为处理冲突的规则也决定了我们在生活中的行事方式，所以，如果要改变处理冲突的规则，就需要我们重新审视这些家庭迷思，至少改变一部分过去的行事方式。

最后，家庭迷思也只是迷思而已，它们帮我们构建自己的生活，并为我们的经历体验赋予意义，但有时候，它们也没有那么管用，这种情况发生时，我们就要转变自己的观念，让我们重新规划自己的生活。

其他意义

除了家庭迷思之外，还有其他一些假设和信念来塑造我们给人际关系带来的意义。

性别角色

在我们当今社会，性别的角色问题广受争议。通常，这种争议的焦点在于，性别差异是天生就有，还是后天习得产生的，或是因为社会条件限制而形成的，或者兼而有之。

关于亲密关系中的行为，的确有研究表明，女性比男性更有可能通过分享感受而获得亲密关系。相反地，提到感受，男人们通常会觉得危险，并竭力阻止自己表达出激烈的感受和情绪。这样，爱情也就变成了一场追逐者和逃离者的舞蹈（详情见第7章）。有时候，在情感关系中，男人才是追逐者，女人则是逃离者，这既跟人的个性有关，也跟人自己对男性、女性角色的定义有关。

文化

国籍和民族文化以我们通常察觉不到的方式影响着我们对现实的理解。我们对配偶、孩子和家庭的许多观念都是由我们身处的文化环境所决定的，如果我们的配偶或恋人文化背景与我们完全不同，那通常就会爆发激烈的矛盾。

例如，在传统的朝鲜文化中，婆婆是掌管整个家庭的。而在传统的日本家庭中，女性以坚忍和耐心为美德，面对困难不抱怨。从这些文化背景中出身的人可能认为美国女性很前卫、有闯劲。

许多我们认为是普世的真理，其实，都是由文化环境决定的。当我们不认为自己的观念是由文化背景决定的，而认为是对所有人都适用的，那么，在亲近的情感关系中，往往会引起矛盾冲突。

个性类型

个性是一面镜子，这面镜子反映了人对待事物的方式。我们的个性是由一些特定的因素决定的，比如感觉能力（包括触觉、视觉和听觉）。有些人是内向的，他们跟人相处过之后就会觉得疲惫无力；有些人是外向的，跟他人相处会让他们活力四射。有些人是直觉型的，注重情感；而有些人是理智型的，更注重思考。

一起努力寻找共同的意义

我们没有人能花时间去探索和弄明白我们过去学到的理解事物的所有方法，而这个探索和弄明白的过程很重要，能让生活变得更简单、更轻松。在你的情感关系中，你先要列出一系列你们的观念相互冲突的问题，你可能还有很多观念跟你的伴侣不一致，但如果它们不是你们矛盾冲突的缘由，那可能就根本无须被重视。

关键的一步，就是要共同去理解彼此给这段情感关系赋予的意义，而这只有在你们觉得与彼此分享感受有安全感的情况下才能做到。有安全感意味着，你们两个都觉得在这段关系中是得到了对方支持和鼓励，而非批评和责怪。你们可以培养出相应的技能，让你们以感到安全的方式展开交流，接下来的两章里，我们将介绍这些技能。

总结

那些没有审视我们赋予情感关系的意义的人就只能做出激烈的情绪反应，他们无法经过深思熟虑再去反应，所以当他们的观念与他人不一致时，他们就更容易爆发冲突。我们只要有意识地把自己的观念和想法告诉对方，就能获得回应能力——这种能力能让我们做出更理性的行为，而不是做出激烈的情绪反应。在理想的情感关系中，伴侣双方都会一直这样自我审查。

我们每个人都是带着从小学到的原生家庭的家庭迷思，步入爱情和婚姻之中的。因为我们极少停下来审视这些迷思，所以它们会影响到我们的情感关系，而且多是负面的影响。这些迷思能够帮助我们构建自己的生活，并为我们的经历体验赋予意义，但如果它们不那么有效了，那我们就必须抛弃陈旧的迷思，转而去找寻新的信念。

第 6 章　负责任沟通

交流你自己的现实，不要找别人的毛病。

为了让伴侣双方共同重新审视他们赋予彼此行为的意义，并找到新的方式来建立情感关系，他们需要深入地交流彼此的感受、想法和观念，这就要求双方都有安全感——也就是说，他们说出自己的看法观念，不会得到对方的指责和批评。

要创造有安全感的环境，伴侣双方都需要负责任地进行沟通交流，这就意味着不要去逼迫对方到极端的境地。冲突失控时，我们很难承认，自己对事情的看法和观念会加剧争端，然而，负责任地进行沟通可以从争论谁是对的，变成相互和平分享彼此最重要的感受。

双方都必须学着辨识并避免指责或批评的沟通方式，转而注重沟通感受，以及感受产生的缘由。即便对方的沟通方式似乎会引发矛盾，你也可以选择你的应对方式。如果你能将你们两个人设想成两个国家，那么你的职责就是要弄清楚你的国家内部状况，而不是评判对方国家的行为。

设想一下，你和你的伴侣正跟朋友们聚餐，而你觉得这次聚餐真的很无聊，但让你惊讶的是，你的伴侣却玩得很开心，如果你们容易发生冲突，那这种状况就会成为你们冲突的导火索，因为你们对这次聚会的感受完全不同，很快，这场争吵就会演变成更大的问题。

你的伴侣可能会质疑你不愿意结识新朋友，而你却抱怨称，他们说的都是讨厌的体育新闻，这很幼稚。你可能会因为这种抱怨而遭到指责，而你也可能会爆发情绪反应，指责你的伴侣结识的都是肤浅的家伙，等等。

事实上，这次聚餐你真的觉得很无聊，而你的伴侣也真的玩得很开心，这并不是说，这种聚会本身就很无聊，也不意味着你对对方行为的理解是正确的，更不是说你的感受和观念是唯一正确的解读。事实上，你们双方都有各自的情感和情绪体验，而这可能会引起矛盾冲突。

如果你认为，你必须扼杀你伴侣的感受和观念，来让你的感受和观念占上风，那你们无疑就会爆发冲突。分享感受和批评指责彼此有如下的不同：

· **感受**

他：我真的觉得无聊，不喜欢跟他们闲聊。

她：我真的玩得很开心，我也很喜欢这些人。

· **批评**

他：那些人真是肤浅，她说她喜欢他们，这让我觉得她也很肤浅。

她：他看不起所有人，他不能享受交友的乐趣。

表达感受的句子表述的是说话人内心的真实感受，但批评指责的话语可就不一定是真的了。

如下的示例可以看出，如果你们只指责批评彼此，而不表露自己的感受，那你们的沟通会变成什么样：

爱丽丝：你怎么能这么粗鲁？真刻薄！

乔治：我刻薄？总得有人去阻止那个女人伤人，总得有人去制止她。

爱丽丝：礼貌的人不会这样做。

乔治：她都这样对我们了，你还替她说话？真是愚蠢。

爱丽丝：我愚蠢？是谁让我们在朋友面前丢脸的？

乔治：你为什么认为礼貌就那么重要呢？我觉得还是要诚实一点比较好。

爱丽丝：你是说我不诚实吗？你这该死的家伙。

如果你们沟通彼此的感受，那么你们的沟通就能按如下的方式进行：

爱丽丝：你说出你对艾琳做的事的态度之后，我真的觉得很尴尬。

乔治：你觉得尴尬，我真的很抱歉。她一直指责所有人，我真的很生气。我认为，我只是诚实说出了自己的感受。

爱丽丝：嗯，在我的成长过程中，这种对峙被认为是完全不礼貌的。任何不礼貌的行为都会让我觉得尴尬。

乔治：我明白，我们各自的家庭观念和规则都不一样，在我家里，重要的是要坦承自己的感受。

第二种说话方式会创造出极好的沟通机会，爱丽丝和乔治可以增进对彼此感受和观念的理解，也许他们接下来还会讨论，为什么礼貌对爱丽丝而言非常重要，同样地，他们还可能会讨论，乔治为什么会认为，他必须维护自己和自己的身边人。

这种沟通方式能帮你们了解你们彼此对事情的看法和观念，而这些你们可能以前从未考虑过。一旦你们开始关注你们内心的想法和感受，以及这些想法和感受对你的重要性，你可能会对你的感受产生的缘由有不一样的理解。

负责任沟通的指导原则

以下是一些基本的指导原则，可以帮你用一种不那么戒备、不那么冲动的方式去沟通交流。

为你的感受负责

相爱的双方冲突的最大原因之一就是把你的感受归咎于对方，你们总会说："你让我觉得……"正如我们之前说的那样，你的感受不只是由外部的事件决定的，还有你赋予事件的意义。这些意义都是你所有的，不是你的伴侣所有的，实话实说，是你让自己感受到了当前的感受。

当你说，对方是让你产生某种感受的缘由时，那对方当然会觉得你是在指控或指责他 / 她。他们可能就会自卫，想要保护自己免遭苛责，这样，你们就开始了全面对抗。

讲述感受，而不评判

如果是因观念和情感现实不同而起了冲突，那我们就应该说出自己的感受，而不要去评判对方。辨识自己的感受——如受伤、被否定或恼怒——是理解我们情感现实的必要步骤，但批评对方——指责我们的伴侣不友好、不公正或残忍——则会阻碍我们理解情感现实，这样的话，我们就无法一起去开启相互理解的快乐之旅，相反地，双方都会觉得对方是在指责自己，就会很失落、很恼怒。

我们大多数人都学会了用所谓的“你”信息沟通，这些信息通常是用来批评、质疑或指责他人的，比如：

- “你让我觉得……”（为你的感受责怪对方）
- “你真是……”（批评对方）
- “你为什么要……”（质疑对方）

你要表达自己的感受，而不是批评指责对方，你可以这样说：“我觉得……”，心理咨询师和心理学家们将这种信息称为“我”信息。以下是“你”信息和“我”信息的对比：

表 6-1

“你”信息	“我”信息
你……时让我很生气	当……时我很生气
你是个蠢货！	当……时我很烦恼
你为什么戒备心这么重？	当……时我觉得很受伤

把你的感受和行为方式或环境条件联系起来

只说明自己的感受是不够的，如上个示例所述，若爱丽丝只说“我很尴尬”，乔治就理解不了她的意思，她还需要解释她为什么会有尴尬的感觉，但这时候也容易招致批评和指责，本想要交流感受，但怎么说都可能是白费。

例如，爱丽丝可能会说：“你这么粗鲁，我是真的觉得很尴尬。”而乔治所留意的唯一一个词就是“粗鲁”，这是因为爱丽丝表达自己感受的时候，对乔治进行了苛责，她将“我”信息和“你”信息混合到了一起。

只把“我感觉”放在批评指责的话语前面，并不会减少批评话语的分量。如果爱丽丝只是说出乔治的行为，而不去指责他，她就会说：“你说出你对艾琳做的事的态度时，我真的觉得很尴尬。”她这样说就只是描述乔治的行为，而没有批评指责他的行为。

告诉对方你需要什么

有时候，伴侣双方只要告诉了彼此对某件已发生的事的感受就足够了，但有时候，为了避免后来的冲突，你们也有必要告诉对方自己的需要。

例如，皮特下班回家，发现家里一团糟，这让他很不开心，井然有序的环境会让他觉得很安心、很自在。他喜欢一回家就看到家里整洁干净的样子，但是，他和他妻子生了三个小孩，而且现在都还不满七岁。

皮特是这样表达“我”信息的：

> 地板上到处都是玩具，我真的很恼火。真希望我下班回家时能看到一个干净整洁的家。

他为自己的感受负责，所以他说的是“我很恼火”，而不是“你让我很恼火”。

他说的是“我很恼火”，而不是“你没有管好孩子”，这样就是在表达自己的感受，而不是责备妻子。

他说“地板上到处都是玩具”而不是“家里真是一团糟”，这就是在描述一种状况，而不是指责。

而且他还表达了自己的需要：“真希望我下班回家时能看到

一个干净整洁的家”。

换言之，你可以按如下的方式来表述“我”信息：

当（描述对方的行为或自己所处的一种环境状况）________时，我觉得（表达情绪和感受）________。

我需要（你希望看到的改变）________。

“我”信息并不会自动带来你想要的结果，即便你表达了好意的“我”信息，对方可能仍然觉得恼火、受伤，仍然生气。

你需要心平气和地表达自己的感受，降低别人做出自卫式反应的风险。他们的感受由他们自己负责，如果你们双方都表达了“我”信息，你们显然就降低了爆发冲突的风险，即使你们都用了“我”信息还感到恼火，这也能让你们尽快恢复平静。

如果你将你的“我”信息与下一章介绍的倾听技巧结合起来，那么你的“我”信息的作用也会大大提高。

总结

人们先要有安全感，要能够不担心遭到批评指责，自主表达自己的感受，这样他们才会愿意跟他人分享自己的内心真实感受。为了创造有安全感的环境，伴侣双方都需要对自己跟对方的沟通方式负责，相爱的人之所以爆发矛盾，最大的缘由之一就是，你为了自己的感受责备对方。要让你们的沟通交流更加平和，首先你需要为你自己的感受负责，要表达自己的感受，而不是指责对方，这会让你理性地看待对方的行为，而不是顺着情绪去指责批评，然后你需要告诉对方，你希望怎样改善问题。

第7章 积极倾听

倾听，用头脑和心仔细听，即便你仍然不同意。

要找到共同的现实，最重要的技能就是倾听，不，我说的不是那种你听了足够长的时间才得到答案的倾听，而是真正带着同理心去倾听，你和你的伴侣必须用心去理解彼此，而不只是用理智和头脑。

当我们与不同情感现实的伴侣发生矛盾冲突时，就容易将对方不当爱人，而当成对手，我们就会觉得受到了威胁，就会不把对方当回事，我们就会说出这样的话：“你总是那样做”或者“那样做才像个男人”，这样就等于将对方贴上某种标签，我们可能会将对方视为恶意靠近我们的挑衅者。

其实，我们还有另一条路可以选，就是以同理心去看待对方。同理心，至少从某些小方面而言，就是一种体验他人体验和感受的能力，这需要我们自愿暂时将自己对事情的看法放在一旁，认同他人的看法、观念和感受。同理心能让你明白，如果你身处他人的状况之中，你会有什么感受，这不意味着，你必须认同他人的感受和看法，你只是让自己体验一下，位于他人所处的境地究竟是什么样的。同理心让我们能够进入我们所爱之人的情感世界，这样，即便你们的观念和感受不同，你们也仍然在相互分享彼此的感受和观念。

进攻者和逃离者

要培养共同的情感现实，最大的问题就在于，你们需要花很多时间来谈论你们的关系。研究表明，男人和女人在对待这一问题上的表现有很大的不同，我不知道这些不同之处是因为我们接受的教育而形成的，还是因遗传基因而形成的。有些女人将谈论情感关系视为表达悲伤的机会，而有的女人则将其视为创造沟通和理解的机会。对大部分男人而言，他们最不想听到的就是“我们需要谈一谈我们的关系问题”。

美国华盛顿大学心理学教授约翰·戈特曼（享誉世界的“婚姻教皇”）三十多年来一直都在对伴侣们进行调研，他和他的团队发现了一种他们称之为进攻者/逃离者效应的行为。进攻者很希望能沟通解决问题，所以他们主动出手，很努力地解决问题。而逃离者则避免谈论问题，试图逃避。戈特曼的研究表明，在情感关系中，女人更可能成为进攻者，而男人更可能成为逃离者。

我妻子和我曾经做出过这样的行为，尤其是刚刚结婚的时候，我们的感情一旦出现了问题，她就希望能马上得到解决，她潜在的需求其实是寻求安慰和感情，但因为她在寻求安慰的过程中总是指责、抱怨，提出尖锐的问题，所以我就想要逃离，避免跟她讨论。

我的行为方式，就跟许多男人一样，就是保持沉默，把一切都放在心里，避免问题或争吵。我也会走神，拒绝合作，批评我妻子，苛责我妻子，用这种方式跟她沟通。实际上，我是想要跟她开始情感交流，但当我觉得自己受到了批评或质疑时，我就会打退堂鼓。我妻子越主动，我就越想逃离。

讽刺的是，我们都想要减少自己的焦虑感，但当她主动时，我却避开了，我们的每一次行动都拉远了我们的距离，我们就是戈特曼所说的进攻者和逃离者的典型范例。

戈特曼和他的团队观察不同伴侣间的冲突，并对他们进行了一系列生理测量，这些测量可以帮助他们评估每个人在争吵过程中的情绪强度。他们发现，即便男人们抵制沟通（完全不交流）时，他们的感受也跟女人一样强烈，甚至比女人更强烈。即便他们并不表露自己的情绪，男人们也会觉得，自己的情绪泛滥成灾，他们都要被这情绪淹没了。他们关闭心门，以避免让自己体验到更难受的情绪，也担心自己说出的话会让整个局面更糟。

为了改变这种局面，进攻者需要接受抚慰和关心，而逃离者需要空间去克服被指责和批评带来的难受感。以下的行为能够帮到你们：

· 避免相互指责，双方都不要去挑对方的错。（上一章介绍的某些技巧也管用。）

· 要记住，在人们对相互的关系有安全感的时候，人们才更愿意与对方分享自己的感受和情绪。

· 进攻者可以进行自我抚慰，也就是不跟伴侣沟通，自行平复情绪。

· 逃离者可以更努力地表达自己的情绪和感受，向对方展现你的柔弱之处，以拉近你们之间的距离。

· 你们可以商量一种方式，当进攻者觉得你们在彼此指责，或逃离者觉得受到了冒犯或不堪重负时，叫停你们的沟通。

· 你们可以讨论一下这种进攻者 / 逃离者行为，并商量出各种办法来打破这种局面。

积极倾听

情感关系中一个显而易见的规律是，抗拒滋生抗拒。如果你与你的伴侣发生争辩、产生矛盾、忽略你伴侣所说的话时，那你就会收到伴侣同样的抵抗行为。有些人认为，如果我们提出更多事实，再多争辩几句，我们就会让对方以我们的方式去看待事物，但相反地，这样做只会激化矛盾。因为感受不同而相互争吵，要么是你不愿意倾听，要么就是你不重视对方的感受。

产生抵触情绪的原因之一，是夫妻双方都认为，如果不改变对方的感受，那他们就一直会有那样的感受，但事实远非如此。他们的感受遭到抵抗时，他们就会更竭力维护自己的感受，坚持自己的感受，然而，当他们的感受得到了他人的认可时，他们就会开始改变。有时候，别人接受了他们的感受，他们会很快就做出很大的改变。

许多人，尤其是男人，都觉得找到一种方式去化解他们的伴侣表达的感受和情绪，是他们的职责，如果伴侣不开心，那他们就有责任去改善对方的情绪。而女人通常只想跟伴侣分享自己的情绪感受，并不期望能改善糟糕的情绪，只要知道对方是理解她们的感受的，她们就会觉得满足。

这些观念上的差异造成了沟通上的不协调。男人们之所以不愿意分享感受情绪，理由之一是他们总觉得自己能力不够，因为他们总担心他们并不能解决对方的问题——即便女人并没有向他们提出这样的要求。

你能够学到的最有价值的技巧之一就是积极倾听，这一技巧要求你接受对方的情绪和感受，而不用表达同不同意他们的感受和情绪，这一技巧是供你们相互支持的，而不是相互指责的。

有效倾听的目的是让你接纳对方的情绪和感受，而不是要你认同它们。这两者显然是不同的，以下是示例：

认同："你说得对，她应该先跟你商量的。如果换作是我，我也会生气。"

接纳："所以，莫妮卡没跟你商量，你觉得很受伤。"

接纳就表示你理解并接受对方的感受方式，而认同则表示你赞成他们的感受，如果你处在同样的境地，你也会有跟他们一样的感受。

积极倾听，就是要你试图去理解他人的现实，即便你自己的现实与对方完全不一样。你没必要去赞同他人的现实，因为这就相当于放弃了你自己的现实，而你希望对方明白，你能够理解他们。

通常，冲突中的双方会这样：

表 7–1

玛格丽特说	乔治说	玛格丽特认为的乔治的意思
我们为什么要早早离开聚会？	你知道，我明天必须早起上班。	你真是没头脑。
嗯，好像我们玩得开心的时候，总不得不缩减时间。	嗯，我们必须要赚钱。	你真不理智。
这一次，我想要好好玩，不想听我们必须赚钱这种话。	现实一点吧！除非我们买彩票赢了大笔的钱，不然我们就必须努力赚钱。	你真不理智。
也许我们该改变一下。为什么我们总要这么尽职尽责呢？我们曾发誓“自由生活”，但现在这种誓言还有用吗？	我们本应该在要孩子之前好好考虑一下。现在，孩子就是我们的责任。我们曾说过要以他们为重。	你这种想法很不负责任。

这种沟通很容易就会变成冲突。玛格丽特会因为乔治不喜欢玩乐，太过讲究责任感而责备乔治，而乔治也会指责玛格丽特不负责任，不愿接受他们一起做的决定带来的后果，冲突会一直持续下去。

如果乔治使用积极倾听的技巧，那他们的沟通就会变成这样：

表 7-2

玛格丽特说	乔治说	玛格丽特认为的乔治的意思
我们为什么要早早离开聚会？	我明天要上班，所以要早点离开，真遗憾让你没有玩尽兴。	我理解并接受你的感受。
是啊，我们每件事都要负责任。我们一直都是带着孩子玩，从来没自己出来玩过。	所以，你不想离开不是因为没尽兴，而是因为似乎我们一直都在为家尽职责，从未出来玩过。	我理解并接受你的感受。
这是真的。我爱孩子，也爱所有家人，但我太想念以前我跟你一起玩乐的日子，而不是一直围着孩子转。	你怀念跟我在一起的快乐时光，而不想总围着孩子们转。	我理解并接受你的感受。
我记得我们曾说过要“自由生活”。曾经那样发誓的我们去哪儿了？我现在仍然想要保持那时的情怀。	你认为，我们似乎是忘记了我们曾经向往的生活，相反地，我们现在都是按照传统常规来生活的。	我理解并接受你的感受。

这种交流将继续进行，乔治可能也会产生与玛格丽特同样的感受，讨论完这个问题之后，他们可能会提出有趣的方法去改变他们现有的生活方式，相信他们谈到关于孩子的问题时，也会接受相应的责任。

这种沟通方式有两点是值得大家学习的：其一，玛格丽特和乔治并未将彼此视为问题；其二，玛格丽特能够自由地表达内心的感受。

积极倾听的一大优点就是，你关注的中心在对方的感受上。它主要的原则是，用你自己的语言，总结你对对方话的理解，并跟对方确认，你对对方的理解是否准确。

积极倾听有很多别的称呼，比如反思倾听、镜像倾听和换框倾听等。我更喜欢积极倾听这种说法，因为这意味着倾听者是主动在理解对方所说的话。

以下还有更多示例证实典型性听与积极倾听的差异：

典型性听

雷吉娜：我真不敢相信，甄妮居然没有先问我就擅自做了决定。

安东尼：她可能以为，她已经了解清楚了所有事情，所以她自然就做了决定了。

雷吉娜：你怎么替她说话？我才是你的妻子，你应该站在我这边。

安东尼：我是想站在你这边，但我觉得，你可能没有顾全大局。

雷吉娜：顾全大局！你这该死的！我跟你一样聪明，不需要你来告诉我应该怎么做。

积极倾听

雷吉娜：我真不敢相信，甄妮居然没有先问我就擅自做了决定。

安东尼（用积极倾听的技巧）：所以你觉得你失去了决策权。

雷吉娜：没错。我知道该怎样掌控局面。

安东尼：你觉得你的想法和感受被她忽略了。

雷吉娜：是的，我想要得到平等对待。当别人做出那样的决定时，我希望他们先来问我。

安东尼：如果他们没有问你，你就觉得不公平。

雷吉娜：是的，被他们排斥让我想起了我的童年。小时候，我想要什么就会得到什么。但他们总认为我没什么重要的事要说。

安东尼：所以如果他们做决定时忽略了你，你就觉得他们把你当孩子。

雷吉娜：没错。

上述的对话里，你可能觉得雷吉娜情绪激烈、虚伪、自视高人一等。看到这样的真实对话，我也会有同样的想法。然而，我可以证明，安东尼做出的反应，如果是以真诚和关怀的态度表达出来，雷吉娜会觉得安东尼是站在自己这边的。注意一下雷吉娜说“没错”的次数，雷吉娜每说一次，都意味着她认为倾听者理解她。

另外，因为她表达的感受得到了接受，雷吉娜就会想要去发现新的感受，在这个过程中，她发现，她现有的感受与她的童年经历相关。如果安东尼不以这种接受的态度去应对，她就发现不了这一点。

积极倾听的技巧

要成为一名合格的积极倾听者，就要按如下的四条基本原则去做：

1. 总结，而不要评判。

你要表达的主要信息就是接受。我们大部分人都擅长做出评判，而不是接受，我们甚至会评判自己的行为，当我们倾听朋友和爱人说话时，我们总喜欢去批评他们。

当某人觉得受伤或遭到排斥，而又不愿意接受时，我们就会说这样的话："噢，你不要这样想，我认为，她不是那个意思。"甚至还可能会对他说："你觉得受伤、遭排斥，这只是你的感受，并不能改变什么。"这样的回应会让对方觉得你看不起他，虽然我们是想要鼓舞他，但他会觉得自己的这种感受是错误的、不应该有的。

积极倾听的前提是，说话者无论有什么感受都没问题。倾听者无须去决定说话者是否应该有那种感受，只要表达你理解对方的感受和想法就可以了。倾听者不需要评判说话者的行为，不需要让他们更好受一点，只需要接受他们现在的感受方式即可。

2. 总结感受和想法。

人们有时候会觉得，积极倾听就是让他们像鹦鹉一样学舌。如果你只对基本的事实和内容进行总结概括，而对感受不闻不问，那就有一定的风险。如果某人说："我真是受够了，我不想去参加那场聚会"，而你只总结说"你不想去参加聚会"，他们可能会反应说“我不是刚刚告诉你了吗”。

但如果你总结了对方的感受和想法，如：“你刚刚去过了聚会，所以不想再去了”，他们就可能会说：“是的，我真是烦透了”。表达的情绪和感受越强烈，那么你总结出的感受就越重要。事实上，对于强烈的感受，总结出这些感受远比总结出每一种想法重要得多。

只有一种情况例外，如果你是聚会和会议的领导者或组织者，你必须要捕捉到强烈的情绪，很多情况下，你想要总结想法和观念，所以没必要去总结感受和情绪，或者不需要去总结。积极倾听就是管理会议和聚会，调解不同群体之间的矛盾，让他们达成一致意见的重要技巧之一。

3. 反映说话者的情绪强度。

情绪的强度表现不一致，例如，愤怒，就有从生气一直到发火等各种不同的强烈程度。积极倾听之后总结情绪，应该反映出说话者的情绪深度。如果某人因某事而深感恼怒，你就该用激动、愤慨、狂怒这样的词语来总结，如果你选用的词汇不能反映说话者的情绪深度，他们就会认为，你不接受他们的情绪。

在人们并不太在意的时候用恼怒、生气、烦恼这样的词，这就可能过火了，然后他们就会觉得受到了刺激，好在，积极倾听从很大程度上而言都是自我改正的过程，如果你选择的词汇表达的情绪太强烈或还不够，那么说话者通常会这样纠正你：“我不是不在意，而是真的很生气”，或者说“不要紧的，我有点担心，不过……”

当你听到这样的话时，你接下来就要用到这样的积极倾听技巧，重新总结情绪的强度：“所以你不只是在意，你真的很恼火……”或“所以你虽然不想要太过介意那件事，但它仍然让你觉得烦恼，因为……”

只要你认识到之前你的总结与对方的情绪强度不符，然后修改，那就不会造成什么伤害。

4. 不要用引导性的语汇。

某些教授积极倾听的老师们建议使用引导性的话语，如“我听到你说……”或“如果我理解你……”这些话就是表示，倾听者的总结可能并不完全准确：话语的含义只有听者接受了才能体现出来。虽然他们是好意，但这样引导性的话语会引起听者警觉，而不会让他们关注说话者，事实上，这样的语言只是在说：“看看我是怎么听你说话的。”

你不需要用引导性的语汇，丢掉它们吧，但你应对状况时应保持谦卑的态度。如果你一直用引导性的话语，那你可能会对说话者做出无关紧要的总结，如果你知道对话的走向，还用这种引导性的话语，那么你可能会错过说话者表达的观点，而无法去重复总结对方的观点，更无法改变对方的感受。

如果对方纠正了你的回应，那你就要接受。倾听者认为自己的总结做得很好，但说话者却反对，这是最不好的状况了。

积极倾听也有多种形式

教授积极倾听的技巧时，我经常会发现，学生们总想要想到完美的回应，好在，积极倾听也有很多种形式，判断积极倾听技巧是否有效的唯一评委就是说话者，只要对方一直跟你说话，你就会一直反思是否有任何需要纠正的地方，你的积极倾听就是有效的。

最重要的是，积极倾听会让说话者认为你是在认真听，是真的想要了解他。我见过有些积极倾听者们虽然态度温和，但说话者却并不回应他们，因为说话者认为，他们只是做出了一种机械性的行为；我也见过一些不太擅长积极倾听技巧的人，但他们收到了说话者的认可和肯定，因为他们表现出了他们是真的想要了解别人。

然而，我也知道，积极倾听是需要练习的，最初我想要学习这种技巧是想要成为更优秀的父亲，但我发现，我只有经常去练习，才能在真正遇到麻烦的状况时使用它。你甚至可以和你的伴侣做一些练习，相互倾听，并讨论你们彼此做得好不好。

何时使用积极倾听技巧？

在如下的情况下，可以使用积极倾听的技巧：

· 说话者在表达强烈的情绪。

· 说话者开始重复他们说过的话，而且通常还会强调这些话。

· 说话者看上去因自己的情绪而感到烦恼。

· 说话者说："你就是不懂……"

别人有需要表达的情绪和感受时，你就可以用积极倾听的技巧，但如果恼怒焦急的人是你，那你就可以用"我"信息（见第6章）。

亲密关系中使用积极倾听技巧

讽刺的是，最难以使用倾听技巧的对象就是你的伴侣，尤其是在对方跟你生气的时候。你爱的人比其他任何人能更快地激发出你的情绪，一旦情绪产生了，你可能就不会再去关心对方的感受了，此外，如果双方都对彼此很生气，那么你们就会都不希望对方来帮你处理自己的情绪，这样的话，虽然双方都是真心想要促进彼此了解，但积极倾听却会让你们的关系更疏远。

这里还有一个自相矛盾的地方，两人在吵架的时候，如果他们用了积极倾听的技巧，使感受得到了彼此的认可，那么积极倾听就是有效的；从另一方面而言，积极倾听也可能会被视为虚伪的表现，对方可能觉得这样的你不真诚。

那，也许我们就该介绍一下五分钟规则了。

五分钟规则

积极倾听，就是要求你真正去了解对方在说什么。我用这一技巧的时候，有时候会觉得，我需要在内心里清理出一片空间，放下我自己的情绪，然后才能去听别人想说什么，有时候，这真的需要很努力才能做到。

有些时候，你不能用积极倾听的技巧，比如你自己内心里情绪激烈翻滚，你无法在内心里留出空间去容纳他人的情绪，如果他们的情绪是因你而起，那就尤其用不了。你是别人生气或沮丧的缘由时，那就很难用积极倾听的技巧去应对。

然而，抵抗只会滋生抵抗，如果你不用积极倾听的技巧，只是攻击或反击对方的话，那么这样交流情绪和感受就会让你们相互争吵不断。如果你无法使用积极倾听的技巧，又知道抵抗只会让情况更加糟糕，那还有什么别的解决办法吗?

多年前，我和我妻子关系恶劣时，一位婚姻咨询师教给我和妻子一种简单的、可能挽救我们婚姻的技巧，就是五分钟规则。

双方都有五分钟的时间去说任何想说的话，用任何方式表达都可以。一方说的时候，另一方完全不干涉（也不会使用任何安抚性的肢体语言）。然后，他们角色互换，之前保持安静的一方开始倾诉自己想说的话，之前说话的一方则保持安静。

如果做完一次之后，双方仍然有想要说的话，那么，他们可以继续再说五分钟。

用这种技巧也有基本的规则：双方都同意彼此任何时候都能使用这一技巧（也有一些例外情况，如不在孩子或其他人面前说），一旦使用了五分钟规则，那么双方都要停下正在做的事，你们只需要讨论谁先开始说。有时候，你们中的一个显然很急切地想要倾泻自己的情绪，但如果不是那么急切的话，那就抛硬币决定谁先来。

五分钟规则之所以能够起效，是因为这五分钟时间里，没有人会因为你的情绪指责你很坏、很蠢或很疯狂。正常情况下，你跟别人展开针锋相对的争论时，大约每隔二十秒，别人就会说一次你错了，五分钟时间足够长，能够让你们争吵的激烈程度下降。例如，我就发现，我用这一规则时，大约重复唠叨了四分钟后，我自己也开始厌烦了，这时候，我仍然会有情绪，但情绪已经远没有之前那么强烈了，我不再觉得，我必须要让对方理解我，回应我了。

我和我妻子用过这种技巧很多次，这真是情感关系的救星。一两次之后，我们中的一个就会缓和情绪：“嗯，我想我要更经常地做出改善。”有时候我们双方都会说：“我再没有别的要说的了。”这看起来有点虎头蛇尾，但却是开始修复关系的好时机，还有些时候，我们中的一个也能够积极地倾听对方的话。

使用五分钟规则时，无论他或她在怎样表达情绪，你都不要打断对方。如果在五分钟的时间里，你们都能够不再彼此指责，那么五分钟之后你们对彼此的感觉就会好一些。如果你打断你的伴侣，表达“你”信息，指责对方做得很糟糕，那你就会激怒他们，就会失去所有五分钟规则带来的好处，诱发一场新的争吵。

最重要的是，我们都想要做出避免冲突恶化的行为，如果我们学会了去辨识那些让矛盾升级的行为，那我们就能够控制住自己，而这也是接下来我们要介绍的。

总结

在情感关系中，抵抗会滋生抵抗。如果你与伴侣争论，不同意对方的观点，那你就会遭到对方的抵抗。自己的情绪和感受得不到接受，他们就会一直缠着你；情绪和感受得到了接受，他们就会开始改变，短时间内他们自己就会做出很大的改变。

积极倾听是一种有益的技巧，能让人们觉得，他们的情绪和感受是得到了别人的接受和理解的，前提是，要让说话者认为，无论自己有什么情绪和感受，都没有问题。倾听者不要做出评判，只要总结说他们理解对方的感受和想法就可以了。

如果双方都有强烈的情绪，无法去关注彼此的情绪，那么就不可能用积极倾听的技巧了，你们可以使用上述的五分钟规则，给予彼此自由表达情绪的机会，而不去指责或反对彼此。

第8章　避免矛盾升级

学着辨识那些让矛盾升级的行为，设定双方都能接受的规则来约束彼此做出这些行为。

矛盾冲突，尤其是恋人或夫妻间的矛盾冲突，可能因最不起眼的小事而爆发，不幸的是，这些最不起眼的小事可以升级成为让双方都觉得受伤、恼怒、觉得遭到了排斥和否定的事。这种冲突对情感关系有害，而且甚至可能导致情感关系破裂。为了避免让小矛盾变成大冲突，我们需要学着让它们避免升级。

以下是升级了的矛盾示例：

丹尼斯（一整天的工作之后，刚刚进门的丈夫）：嘿，这是怎么了？房里一团糟，你就知道坐在那里看肥皂剧。

特丽莎（妻子）：我一整天都很忙，刚刚抽空休息一会儿。你来试试照看一个三岁的孩子和一个五岁的孩子看看。

你以为你是谁啊，走进来就对我指手画脚的？

丹尼斯：我希望，我回家后看到你已经尽到了自己的职责，把家里打扫得干净整齐，但你却有闲情逸致看电视，我工作一整天很累，但回家后却发现你什么事也没干，这真是不公平。我努力工作，我也希望你能尽职尽责照顾好家里。

特丽莎：不，你想要的只是一个你可以招之即来挥之即去的奴隶，你就想成为坐享其成的主子，对我呼来喝去的。

丹尼斯：我不想要奴隶，我只想要个尽职尽责的妻子，能做她分内该做的事，让这个家干净整洁是你的职责，我希望你尽到这份责任，而不只是看电视，你做的跟我想的一点也不一样，你就只是躺在那里，一切都等我来做。

特丽莎：只是躺在那里——你这讨厌鬼！如果你关心一下孩子，你就会知道，要让他们不争不吵有多麻烦！

丹尼斯：你觉得我不关心孩子？我总是尽量抽时间来陪孩子，但我一天还要工作八到十个小时，周六通常也要加班，所以我希望你能尽点职责，而你却只是坐在这里看电视。

特丽莎：你是说我懒吗？蠢货，都是胡扯！你周末总是看球赛，傍晚你只是在家里跺着脚呵斥孩子们闭嘴别吵，难怪他们一点都不想跟你在一起！

丹尼斯：你这只懒狗！周围的邻居们都知道你懒，那些男人们甚至都在讨论你有多懒。

特丽莎：嗬，附近的那些女人们都说你是个自大狂，总是命令周围的所有人，好像你什么都知道一样，她们都为我居然嫁给了你而遗憾。好吧，我已经受够了，我放弃，今晚你自己做饭吃吧。

丹尼斯：啊，真该死！我出去了，谁愿意跟一个这样不负责任的巫婆在一起啊？（砰地关上门离去）

像这样的冲突不是自己升级的，而是因为我们和伴侣做出的行为而升级的，而且这种升级有一种可预测的模式。

有人觉得受到了威胁或被压制时，就会诱发矛盾升级。重申一次，矛盾升级的导火索可能是非常小的事情，最开始的刺激行为几乎都是责备和指控，这些通常都包括许多“你”信息：“你这样做了”“你那样做了”。从丹尼斯开口开始，他和特丽莎就一直在相互责备和指控。

相互责备和指控之后，冲突升级的第二阶段就是相互中伤。除了责备她懒，丹尼斯还骂特丽莎是狗和不负责任的巫婆，而特丽莎则骂丹尼斯是讨厌鬼、蠢货、自大狂。

接下来，双方还会继续将他们在争吵的问题扩大，例如，抱怨没有把牙膏盖盖上可能会升级成“你总是不讲究整洁”，然后还会升级为“除了你那辆该死的车，你对其他的一切都不负责任”，他们还可能说“你母亲也是这么说你的”“我真不知道为什么要娶一个这么不负责的女人”。开始于牙膏盖没盖的争吵，很快就会升级为指控伴侣完全不负责任，甚至还会严重到质疑是否还应该继续一起生活。

为了增强自己的说服力，双方还可能拉同盟来支持自己的说法，如，丹尼斯就说：“邻居们都知道你懒”，而特丽莎反驳说：“附近的所有女人都说你是个自大狂”，有时候双方都会拉上周围的人来站在自己这边，而这就会导致家庭矛盾升级，最糟糕的情况下，父母可能都会把孩子拉到自己这边，让孩子们选择跟父亲还是跟母亲一起。

随着冲突升级，双方经常用夸张、笼统的概括性话语沟通，甚至长时间保持敌对和沉默的态度，你或你的伴侣说“你总是……”或“你从不……”这样的话时，你们的关系就进入了这样一种状态，有时候，双方甚至会避免直接沟通，通过别人传递信息，如：“约翰尼，告诉你父亲该修剪草坪了”。

矛盾升级后，双方都开始采取极端的行为态度，可能开始的时候你不觉得自己极端，只有事情平息后，你才会觉得自己很极端：“我不会再那样做了。”矛盾升级到严重的地步时，双方甚至会用语言或肢体动作伤害彼此，如果长此以往，这段关系就会被毁掉。为避免升级到如此严重的地步，我们就要学会辨识引起矛盾升级的行为，并不再做出那样的行为。

在任何人际关系中，都存在着三方：我，你和我们。冲突升级时，我们就会认识不到“我们”，甚至毁掉“我们”。接下来，我们就来学习一下处理人际关系冲突的第一条戒律：

即便在冲突中，也要维护你们的情感关系

即便是在冲突中，也要记住，“我们”是脆弱而无比珍贵的，要避免做出威胁到“我们”的行为。

我们之所以会做出威胁“我们”的行为，是因为矛盾冲突升级的过程中发生了如下四种情况：

1. 我们开始将对方视为敌人。

2. 我们都忽略了这样一个事实，就是我们爱着对方，一个小时前我们可能还非常恩爱，但现在我们真的很讨厌彼此。

3. 矛盾冲突升级时，双方都不愿意倾听彼此真正的心声。

4. 我们都不再愿意表达自己内心的情感，有时甚至会避免相互沟通。

双方都在为自己的行为辩护，都说自己之所以做出那样的行为是因为对方说过或做过什么。他很气愤，因为他妻子对他的抱怨不公正，所以，他觉得给她安一个不堪的骂名很不错。她也受不了他这样的辱骂，所以她会继续将问题扩大化，等等。事实上，这就意味着双方都没有为自己的行为负责任，他们所说的一切都是为了报复对方。

交流规则

本章介绍了一些规则帮你来避免做出让矛盾升级的行为，显然，如果双方都按这些规则行事，状况就会得到改善，所以我鼓励你与伴侣讨论这些规则，并看看你们是否能够就其中的某些规则达成一致意见。

即便你们无法达成一致意见，你自己也要遵循这些规则。无论你的伴侣做了什么，你都要为你自己的行为负责。如果你想要改变争吵的现状，那你就要先开始改变自己的行为。

规则 1：避免责备和指控。用“我”信息来表达情绪和感受。

规则 2：不要辱骂对方，不要给对方贴标签。描述对方的行

为，并指出你对这种行为的感受，而不要批评对方。

规则 3：不要扩大问题。不要把各种各样的问题都加进争吵中来，尤其是，不要让问题变得更严重。

规则 4：不要拉其他人做同盟。拉别人做同盟，用他人的评语做自己论点的支撑，只会让对方想要获得更多支持。

规则 5：不要说“你总是……”或“你从不……”这种概括性的话。这种话通常都不是真的，而且只会激起对方激烈的反击。

规则 6：尽你所能去打破这种相互抵抗的模式。相互倾诉彼此的感受，但不要证明你是对的，说出自己曾做过的草率行为，支持对方提出的看法。有时候，我们很难避免自卫式的言语和行为，尤其是我们觉得受到攻击时，然而，反击他人的时候，自卫是没有效用的，这只会让对方也采取自卫式的行为。有时候我们根本意识不到我们是在自卫。避免自卫式行为的方法之一就是，在做出自卫式行为的时候，有意识地控制自己的行为。

规则 7：如果你们在处理实际的问题，那不要将争吵的阶段和解决问题的阶段混到一起。先解决情感冲突，然后约定时间去面对实际的问题，思考解决问题的方案（下一章里，我们将介绍此过程）。不然，因为争吵而产生的糟糕情绪会影响你们解决问题。

总结

矛盾冲突不是自己升级的，而是因为我们做出的行为而升级的。矛盾升级的显著特点就在于，我们开始相互责备和指控，然后就是辱骂，接下来，双方都会将正在争吵的问题扩大化，双方都会引用他人的话，拉他人来做同盟，以巩固自己的观点，然后，你们的沟通就会遭到破坏，你们会夸大彼此的言行，对对方的行为做概括性的描述，相互攻击，最后就拒绝交流沟通，甚至，你们还会以言语或肢体行为攻击对方，长此以往，你们的关系就会被毁掉。

在任何人际关系中，都存在着三方：我、你和我们。即便你们在争吵，也要避免做出威胁到“我们”的行为。

第 9 章　合作解决问题

用解决问题的态度说话，说："我们有个问题"，而不要说"你就是个问题"。

改变你的情感现实需要时间，毕竟，你和伴侣多年来都是按照你们各自以往的观念去看待现实的。同时，生活继续往前走，你们虽然有不同的情感现实，但你们也必须解决实际生活中的问题。

通常，日常的问题很难解决，因为它们通常都涉及不同的情感现实，接下来，以雷克斯和玛利亚的案例为例来说明。

雷克斯和玛利亚遇到了交通出行的问题，最近，他们的卡车坏了，维修费用很昂贵，于是他们开始思考，是否有更好的解决家庭出行需求的办法。

雷克斯和玛利亚都有工作，但他们的收入加起来也才勉强够用，尤其是，他们还有两个孩子格洛丽亚（九岁）和约翰尼（七岁）。除了正常的生活开支，两个孩子还报了价格不菲的兴趣班，格洛丽亚每周都要上钢琴课，而且她也展现出了一些钢琴方面的天赋，而约翰尼喜欢各种各样的运动，总是想要各种运动设备。

大部分可行的解决方案都需要所有人——也包括两个孩子——节制花销。雷克斯和玛利亚也曾试图讨论这个问题，但每次讨论都会演变成争论，最后，他们总会因怎样才公平而吵架。玛利亚觉得现有的状况很不公平，因为雷克斯无论想去哪里都可以自己开车去，而玛利亚却只能搭公交。

还有一次，他们一直在争论他们该为孩子的课程和活动花多少钱。玛利亚认为，他们有责任让孩子们享受父母无法享受的机会，她在父母家里时，大家都没有机会去追求自己想要的东西。小的时候，她就曾发誓，她一定要让自己的孩子得到他们需要的一切，即便是她和丈夫什么都没有也没关系。而雷克斯的家庭比玛利亚的家庭更富裕一些，他们也有过困难的时候，但雷克斯并不记得有什么真正难迈的坎。

这个问题引起了他们的激烈争吵，雷克斯指责玛利亚不现实，说孩子们偶尔没有得到想要的机会也没关系，而玛利亚则觉得，她的关于父母应如何对子女付出的信念受到了威胁和挑战。

雷克斯和玛利亚在关于父母对子女的付出观上有不同的认知。玛利亚深深认为，孩子们不应被剥夺应有的权利，而雷克斯认为，如果孩子们没有被迫放弃过机会，那他们就教给了孩子们错误的价值观。

他们对家庭事务中谁做决定这个问题也意见不一。雷克斯的家人们认为出行是男人的责任，所以他觉得自己是做决定的人，而玛利亚却觉得雷克斯忽略了她，她认为在做决定的时候，他们应该有同样的话语权。

玛利亚觉得，现有的状况很不公平，所以问题就更加复杂了。她每天都必须搭乘公交，而丈夫和孩子们却能立刻出行，这让她很苦恼。那雷克斯和玛利亚要怎么解决这个问题呢？

关系问题

首先，人们合作解决问题时，他们都必须处理他们遇到的实际问题本身，如他们要怎样合作支付月度开支和处理问题过程中的关系问题——双方各自觉得自己有多重要。

关系通常是由决策的过程而不是结果来体现的，当人们觉得在做决策的时候他们的地位是平等的，他们才会觉得公平。

世世代代，父母们在面对两个孩子分一块蛋糕的问题时，都会决定一个切蛋糕，而另一个则有优先选择权。当然，这个过程中要确保，切开的蛋糕是完全大小相同的。这不仅教会了孩子们怎样分蛋糕，也让父母向孩子们传递了如下很重要的价值观：

- 我对你们俩的爱是一样深厚的。
- 你们要学会平等对待彼此。
- 你们要学会尊重彼此。

这种处理过程传递了上述的价值观，而这些价值观可以改变人的行为。当人们觉得自己受到重视时，他们就能够接受解决问题的办法，但如果他们觉得自己不受重视，那他们就会排斥那些能够解决问题的方案。

在雷克斯和玛利亚的家里，玛利亚觉得自己不受重视，她必须要搭公交，而家里的其他人都可以乘坐家里的车。只有雷克斯让玛利亚觉得自己是受重视的，与他是平等的，这个问题才能得到解决。他们的情感问题，与这个具体的出行问题，都是同样重要的。

虽然在雷克斯的家庭中，男人们是负责家人出行的决策者——这是因为他们认为男人们更懂车——但雷克斯还是愿意退一步，承认他和玛利亚在出行的问题上享有同样的决策权，不过他有时候会忘记这一点，虽然他的理智提醒他，他们是平等的，但他却还是习惯性地忽略玛利亚，自己做决定。

处理不同的情感现实

解决雷克斯和玛利亚出行问题的第二大挑战在于，他们对他们该给予孩子怎样的生活这个问题有分歧。如果没办法解决这一认知上的分歧，那么仅让孩子们为了缩减家庭开支放弃自己的专长和爱好，玛利亚是无法接受的。

在所有处理不同情感现实的方法中，没有什么比夫妻共同解决问题的方法更重要。如果玛利亚和雷克斯将彼此当作解决问题的障碍，那他们就没有机会找到双方都能接受的解决方案，如果他们认为是“我们遭遇了一个问题”，那他们就能找到更多可行的解决方案。

合作解决问题的方案

接下来，我将向你们介绍伴侣可以用来解决问题的一种方案，这是一种我所知的最佳的、也是最简单的解决方案，它很有效，我是从汤姆·戈登博士那里学到的，从那时以来，我把这一方案教给了很多情侣、夫妻，以及一些企业机构，也有很多其他人在教授这种或类似的方案。

跟所有的解决问题的方案一样，这一种方案也是关于价值观的。例如，这种方案就要求，决策者们是平等的，它提供了一种通用的语言和结构，可以简化和减少影响解决问题的因素。

以下是合作解决问题的基本步骤：

1. 就解决问题各方所需的东西达成一致意见。

多年前，我的妻子和我在某中欧国家教授解决冲突的技巧，当时，我的《谈判力》（*Getting to Yes*）的合著者罗杰·费希尔也在那里，他也是知名的谈判专家，很多政府官员都曾邀请费希尔去帮他们解决谈判问题，费希尔都回复说：“只要你们能认清对方的问题和你们自己的问题，那我就可以帮忙。”

这一规则也适用于情侣或夫妻解决问题。解决问题的第一步，就是要就双方所需要的东西达成基本一致的意见，这就意味着，双方既要了解彼此之间产生的问题，更要认清双方的不一致所反映的情感关系问题。

如果这一问题还涉及了其他人，如孩子，你就还需要弄明白他们遭遇的问题，以及你和他们的情感问题，你将要使用“我”信息和第 6、7 章里介绍的积极倾听的技巧，尽你所能去了解这些问题。

你甚至可能还想要写下你对必须解决问题的需求的理解，如下表格列出了雷克斯和玛利亚一家的需求：

表 9-1

	雷克斯的需要	玛利亚的需要	孩子们的需要
内容	担心未来修车的费用 有时需要车来运送资料到工作场合	讨厌搭公交 担心未来修车的费用	想要继续持有现在拥有的东西
关系	以前总是负责出行问题的决策者 开车去工作的时候享受同事们的欣羡和赞美	因为自己不得不搭乘公交而觉得自己是最弱势的一方 感觉以前在出行方面自己从未有过决策权 认为孩子们的生活不应有缺失	希望父母在处理涉及他们的问题时先问问他们

奇怪的是，无论是在处理情感关系还是事业关系时，大部分人都会跳过这个界定问题的阶段，而且通常会罔顾关系问题，而是直接跳到了提出解决方案这一步，结果，他们通常都会采取不恰当的解决方式，不理解对方为何反对他们提出的方案。

按我的经验来看，花 50% 以上的时间去界定问题是有益于解决问题的。

2. 利用头脑风暴准备一份备选方案清单。

接下来，就是利用头脑风暴准备一系列备选解决方案了。用头脑风暴去准备备选方案是一个很特别的过程：当事双方应尽可能提供足够多的解决方案，而不要相互批评指责。

这个过程中有一些非常重要的原则需要遵守：

· 人们只有在心理上获得安全感之后，才会最有创意。如果每提出一个方案都遭到批评，那他们就不会再去思考了。在开动脑筋思考的阶段，不要去评判彼此提出的解决方案，只要如实记录下这些内容即可。

· 愚蠢的提议通常会引出有创意的突破。愚蠢的提议本身可能并没有什么价值，但却可能让你打破思维惯性，想到一些你从未考虑过的解决方案。

· 追求数量。研究表明，想出大量解决方案的伴侣比只想出少量解决方案的伴侣更可能想到有创意的解决方案，有创意的解决方案通常都是清单上列出的最可行的方案衍生出来的。

· 在思考解决方案的时候，要让所有人都参与进来。大家无法达成统一意见的阻碍之一就是，每个人都维护自己提出的方案，在雷克斯和玛利亚的案例中，如果他们每个人想出五到十种解决方案，那他们就不会固执于自己最初的解决方案。

·通常，最终获得通过的解决方案是当事一方根据他人的看法而得出的，将所有可行的解决方案都联合起来，以彼此各自的想法为依托，去思考解决问题的最终方案。

3. 就最能满足所有人需求的方案达成一致意见。

头脑风暴想出了很多解决方案之后，你可以对所有的方案进行评估，但这时，你花时间了解所有人的需求是有回报的。评估解决方案的标准是，看它是否能满足所有人的需求——包括表面上的需求和关系需求。哪种解决方案最能满足所有人的需求？记住，要用“我”信息去描述你认为有效的解决方案，回应他人提出的看法和观念时，要使用积极倾听的技巧。

4. 就怎样实施解决方案达成一致。

我见过的许多伴侣都耗费很多时间和精力去做上述的三个步骤，但最终还是很恼怒、有怨气，因为他们并没有完全讨论出该怎样实施解决方案。有一对夫妇曾就购买新车达成了一致意见，但最后丈夫却未征询过妻子的意见就买了一辆新车，他们差点为此离婚。

做出清晰的规划，决定该由谁、何时实施解决方案。一定要划定清楚，每一个步骤该由谁负责，通常，如果让双方都承担责任，那么双方都不会真正觉得自己有这个责任。

5. 就解决方案是否有效的评估方式达成一致。

一旦双方就某解决方案达成了一致意见，那么他们通常都会认为，问题已经得到了解决，但在现实生活中，某些看起来不错的解决方案却并未奏效，人们认识到这一点之后，就又爆发了一场危机。就你们共同评估选择的解决方案是否奏效的时间和方式也要达成一致意见。

如果不奏效，那就再次进行评估，找到这种方案不奏效的确切理由。首先，你们必须持有“我们遇到了一个问题”的态度，而不要为了之前的解决方案不奏效而责备彼此。

在某些课堂上，我提到雷克斯和玛利亚的案例时，有些学员提出了一些异乎寻常的解决办法，但大部分的解决方案都是卖掉他们的卡车，买两辆不贵的小轿车，让约翰尼使用二手的体育设施，为格洛丽亚找相对便宜的钢琴课教练节省一下开支等。我记得，有一对夫妇就提出，玛利亚有了小轿车以后，就可以放弃自己的工作，开优步（Uber）车赚钱。

是否要减少孩子们的爱好开支以省钱，这一决定权在玛利亚手上。她很想要确保让孩子们获得所需的一切，也许丈夫同意，她也就更能接受与丈夫和解。

孩子们对这一改变的态度也许更为重要，他们也应该参与这一决策。如果父母告诉他们，“我们需要节省一点钱来买小轿车，这样妈妈就不用搭公交出门了”，他们也许也会提出一些建议，或者会更愿意接受这一决策带来的改变。若夫妻双方就孩子应该怎样做私下达成了一致意见，那么这并不能保证，孩子就一定会同意父母的决定。

总结

情侣或夫妻解决问题的基本原则，就是要采用“我们遇到了一个问题”的态度，而不要将彼此视为解决问题的障碍。人们觉得自己受重视时，就更愿意去考虑可行的解决方案。有效的解决方案应满足所有人的需求，开动脑筋去考虑各种可行的解决方案，并协商该采用什么方案，以及如何判定该方案是否奏效。

第三部分

共情工具箱：方法

第 10 章　价值观冲突

寻找伴侣观念的积极面，即使伴侣反对你认为重要的东西。

我们所有人在生活中都要做艰难的抉择，这些抉择反映了我们的价值观，也就是我们判断事物的好坏、对错、是否公平和理性的规则。

价值观既包括了我们对生命中真正重要的事物的看法，如自由、幸福、平等、安全、救助和娱乐休闲等，也包括了帮我们达到这些目标所需的品质，如乐于助人、有创意、举止优雅有礼貌、乐观向上、开放的心态、公平公正和高效率行事等。

这些价值观念形成了我们的认知体系，而我们的认知体系也影响着我们的价值观念，这两者是相互关联的。我们认为好的某些事情，往往与我们认为好的其他事情相矛盾。

例如，我们希望我们的孩子是安全的，但我们也希望他们拥有自由。绝对的自由可能会对安全产生威胁，而绝对的安全环境中也没有绝对的自由。

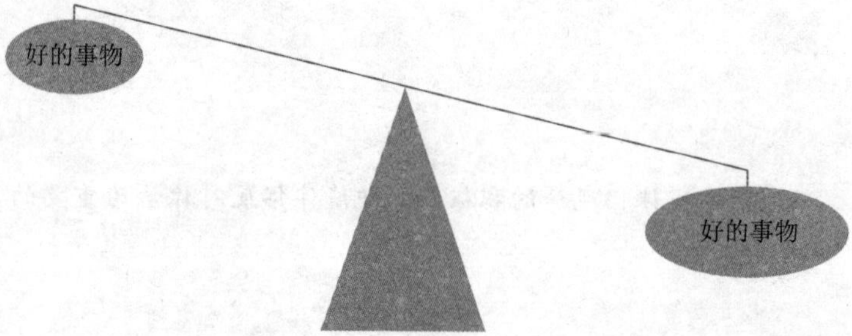

图 10-1

最艰难的抉择实际上就是对两种不同价值观念重要性的抉择，评估不同社会福利的重要性的决策就决定了价值取向。有些价值观都是好的、值得拥有的、有积极价值的，没有人会提出反对，问题是，在特定的环境下，哪些价值观更重要。

情侣或夫妻间的许多矛盾冲突都是价值观选择冲突。我们习惯的行为方式证实了，在当前的状况下，我们重视哪些价值观念十分重要，每一次抉择都要把握住两种好的价值观念的平衡。

当我们与价值观和情感现实跟我们完全不同的人沟通时，我们各自用于看待现状的规则就会发生冲突。通常，我们都会评判对方没有教养或是用意不良，以此来应对这个矛盾。甲认为是遵守纪律的优秀表现，乙可能会认为是残忍，是对他人的不尊重，两个人的观念非常不一致，所以两个人也都不承认对方的观念是有合理性的。

当伴侣争论该采取什么行为时，他们总是将对方视作对手，是与自己唱反调的。你的伴侣之所以反对你认为重要的行为，是因为你与对方对什么是有利于你们的观念相反，你的伴侣之所以反对你，是因为他有他认为更重要的价值观，事实上，你们都护卫着你们认为的有积极意义的价值观。

你和伴侣一旦陷入了价值观冲突，你们双方就都会认为你们的“对手”太过情绪化，不够理智，太过执着于那些不能被合理化思维证实的观念。

当你和伴侣价值观不同时

要处理因价值观不同而产生的问题，关键在于，即便你的伴侣与你的观念相反，你也要去发现你伴侣观念的积极一面。

价值观抉择不是黑与白的选择，而通常是需要把握平衡的事情：你们要认识到，你们双方持有的观念都是有积极意义的，要互相尊重彼此的观念，但也许在不同的环境中，你们需要更重视其中的一种观念。让你的孩子处在安全的环境中当然是好的，但让他们过得自由也是好的，在特定的境况下，哪一种选择更重要呢？

作为伴侣，你们的职责是要明辨你们争论的每一条价值观，当你认识了对方认可的价值观时，你可能会发现，你们的观念并没有那么矛盾。即便你认为在特定的情况下，某种事物——比如安全——更重要，你也要承认，舒适也很重要。

你们要做的不是**二选一**的抉择，而是两者**兼而共享**，你们要一起找到相应的方式，以合理的态度去对待不同的价值观。

确定价值观

价值观往往隐含在言语或行为中，而不会明确地表达出来。虽然它们在塑造我们生活的过程中扮演着重要的角色，但当它们被明确地表达出来时，听起来往往有象征意义，或者有抽象意味，如“母性”或“苹果派”，我们会把它们当作信仰一样去捍卫。（即便是《独立宣言》的创作者们也面临着这样的难题：他们努力证明，“生命、自由和对幸福的追求”是人的基本权利，这些价值观是正确的、合理的，但却只用了这样的话来总结：“我们认为这些真理是不言而喻的”。）

将确定价值观当作一个可以一起解决的难题，有下述三个特点的话语就暗含了价值观：

1. 使用体现价值的语言。

我们用来反对某些抉择的词汇，如“浪费了我们的钱”“溺爱孩子”“是父母主宰了我们的生活”，这些话虽然没有直接表达价值观念，但却暗含了价值观念。价值观还可能是关于节俭、自律和自由的。

2. 预测可怕后果的语言。

人们担心某种行为与普遍持有的价值观相悖时，通常就会预测这种行为可能导致什么可怕的后果。

例如，父母可能会这样彼此指责：“给予孩子们他们想要的一切，你这是在害他们。”他们担心的是，因为孩子不会自律，所以孩子可能会变坏。还有，伴侣可能会担心你要破产，或担心交不到朋友。

你介不介意对方的担心一点也不重要。我有个朋友，她的丈夫的观念就深受经历过二战食物短缺和经济大萧条时期的父母的影响，没钱会让他觉得不安，这种感受是他的一种情感现实，他的妻子不得不忍受他的这种感受，当他们意见不一致时，她总是努力提醒自己，她丈夫之所以不安，是因为他希望经济有保障，而这也是她所希望的。

3. 引用重要人物的观点。

为自己的观念辩护的时候，人们可能会引用名人名言、最新的书籍里的观点，或某些同事的话。他们的策略是，引用的来源对方不敢反对或质疑，因为反对和质疑会让他们自己也怀疑自己。

麻烦的地方在于，一方认为可信的来源，另一方可能认为是完全不可信的（例如“电视上的某财经栏目”）。

协调价值观差异的一种方法是，让各方列出他们认为在特定的情况下特别重要的价值观念，然后，你们可以再商议，是否有什么方法可以协调两种不同的价值观冲突。

第 9 章介绍的是一种解决问题的方案，这个方案可能能让你们想到一种双方都能接受的解决问题的方法。

总结

价值观抉择是关于两种或多种不同的有益价值观的抉择。我们采取的行为反映了，在特定的情况下，我们认为最重要的价值观念。当另一人的情感现实是基于与我们完全不同的观念信仰时，那我们的观念和行为就会产生冲突，这种情况发生时，情侣或夫妻总是将对方视为反对自己的对手，然而，事实上，大家都只是在为自己认为积极的观念辩护而已。处理价值观冲突的关键原则在于，寻找你的伴侣支持的观念的积极面，即使你的伴侣反对你认为重要的东西。

第 11 章　重新换框

寻找新的方法来感知现实，使你们可以达成一致。

马克·吐温的小说《汤姆·索亚历险记》的主人公汤姆·索亚，就非常擅长重新理解状况。索亚被迫在假期里粉刷墙壁的时候，他的朋友们都嘲弄他，因为他们可以尽情玩耍的时候，他却要工作。他却这样解读他的工作来反驳朋友们："你们每天都有机会来粉刷墙壁吗？"很快，他的朋友们也都开始为他帮忙。

我们不仅要处理事情，我们还要解释事实，并在我们"框架"所创造的语境中解释事实。这一"框架"就是我们理解事情所依据的基本观念和信仰。

汤姆·索亚的朋友们都认为，粉刷墙壁不是一件开心的事。索亚却提醒他们，这是值得荣耀的，也是一种特权，他们都应该乐于为之付出劳动。

通常，根据无意识的情境"框架"来做出的行为是有价值的，而且可以节省时间，但陈旧的“框架”可能会给我们带来不必要的麻烦。这些陈旧的“框架”会阻碍我们探索新的“框架”，让我们无法发挥出自己的最佳能力，而且还可能让你和你的伴侣在面对其他现实问题时陷入僵局中。重新“框定”状况——就是更新我们对状况的理解和认识——能够让我们做出不一样的行为反应。

约翰时不时地就会跟一些老朋友出去钓鱼，钓完鱼回家，妻子鲁丝总是问他这一趟出行都发生了什么事。约翰讨厌这样的提问，认为她是在调查他有没有不轨的行为，很快，他就愤慨不已，并采取防卫的态度，他认为他没有做妻子怀疑的事情，所以他们总是吵架。约翰甚至还打算以后不再去钓鱼了，因为为这种事吵架根本不值得，不过，随后他就改变了态度，他不愿意被迫放弃自己的这一爱好。

约翰认为，鲁丝之所以追问细节，是因为她吃醋，而且不信任他，他根本没有意识到，他用恼怒和愤慨的态度去回应她，是他们沟通产生问题的缘由，鲁丝要问那么多，那就无可避免地会发生争吵。

约翰能够重新“框定”他们的互动吗？如果他“框定”鲁丝的提问只是因为她没有安全感，她想要知道他把她放在什么位置，那会怎样？可以确定的是，如果约翰真的这样看待鲁丝的问题，那他就会做出温情、有爱的回应，如果他能这样改变他的行为，那他们就能够享受甜蜜的二人世界，而不会起冲突。

全球性管理及领导力开发专业服务公司创办人史蒂芬·柯维，在他的畅销书《高效能人士的七个习惯》中，介绍了一次突然换框的经历（原文如下）：

某个周末早晨，在纽约城的地铁上，我就经历了一次小小的思维模式转变的过程。当时，乘客们都安静地坐在座位上，有的在读报纸，有的在沉思，有的在闭着眼休息，安宁清静。

突然，一个男人带着孩子们进入了车厢。孩子们大声嚷嚷，喧闹不已，很快，车厢里安静的氛围就被打破了。男人坐在我身边，闭着眼，显然没有注意到这一场面。孩子们大喊大叫，东西四处乱扔，甚至还夺走别人的报纸，真令人心烦。然而，我身边的男人却不管不顾，任孩子们吵闹。

这种情况很容易激起人的怒火，我真不敢相信，他居然就那样任孩子们胡作非为而不制止，显然，当时车厢里的所有人也都很恼怒，于是，在终于受够了，实在无法再忍耐下去之后，我对他说：“先生，你的孩子们打扰到了许多人，你难道不能多管管他们吗？”

男人终于睁开了眼，好像是第一次留意到当时的状况一样，轻声说：“哦，没错，我想我应该纠正他们的行为。我们刚从医院回来，他们的母亲约一小时前在医院里过世了，我真不知道该怎么办，我想，孩子们也无法接受这一事实……”

这时，我对他们的看法才不一样了起来……我也做出了与之前不一样的行为。我的怒火消失了，我不用再努力控制自己的态度或行为，因为我也感受到了男人的痛苦，同情和怜悯的情绪涌上心头……情况立刻就改变了。

正如上述案例所示，当同样的事实以不一样的“框架”来看待时，事实似乎也发生了改变。另一种案例也能够证实这一点，如某人不愿向当地慈善机构捐钱，我们可以将这种行为视为吝啬或节俭，这取决于我们的“参考框架”（理解方式）。如果你正跟你的朋友在一起开车出门进行长途旅行，旅途单调乏味，你也可以将它当成一个更好地了解朋友的绝佳机会。

如果你和伴侣因为情感现实的不同而产生矛盾冲突，让你无法接受伴侣的观点和想法，你也许可以通过换框，找到能够协调你们情感现实的其他理解方式，来打破僵局。

换框的标准

我们通过获知有限数量的外界事实，并加以理解，从而对我们周围的世界下定义，我们的理解是以个人经历、我们在社会中扮演的角色以及家庭观念为基础的。

我们说要换框，并不是要说服自己按另一种方式去理解或是欺骗自己，但是，如果有另一种解读方式，可以像我们过去一直使用的理解方式那样，合理地解释当前的状况，那又会怎样？如果将别人拒不捐款视为节俭和视为吝啬同样合理，那又会怎样？评价一种新“框架”的一个关键标准是，新的“框架”必须像旧的“框架”那样，能对事实做出合理的解释。

无论是处理你自己内心的矛盾，还是处理与他人的矛盾，都可以用换框的方式去缓和僵局。如第10章所述的那样，审视不同的价值观念选项，就需要用换框的办法：你探寻伴侣观点的积极一面，就是在重新“框定”对方的观点，而不是认为对方是在反对你。例如，你可能希望让你的孩子自由独自外出，但你的丈夫却不同意。要重新“框定”丈夫的观念，就是要认识到，丈夫是在担心他们的安全——而这也是你在意的——而不要认为他反对人身自由。认识到你们彼此的想法都有积极的意义——人身自由和安全都是好的——就重新“框定”了你们的争论。

实施换框行为

理解换框的方式之一，就是去留意他人是怎样重新“框定”过去的经历的。事业成功人士常说，他们生活中遇到的挫折完全打乱了他们预期的职业道路，但后来，他们可能会认为，这种挫折“是我经历过的最棒的事”，并继续解释，如果没有之前生活中遇到的挫折给他们带来的磨炼，他们就不会成功，而挫折发生时，他们都以为，这个挫折是让他们失败或对他们完全有害的事情。

我们可能会回忆起当时感觉很尴尬的经历——比如第一次约会、个人卫生问题，或让人难为情的会议——但现在看来却很有趣，而事发当时肯定不觉得有趣。现在既然已经经过了那些令人不快的事情，我们对它们的看法也就不一样了。

将“弱势”重新框定为“优势”

换框不仅可以用来改变我们对事件或经历的看法观念，也能够用来改变我们对自己和他人做出的负面评价，让我们看到那些被视作“负面”行为的积极一面，以下是一些示例。

·态度消极——能够接受事物原本的样子

·顺从——听从权威指导；谨慎小心

·性感——希望吸引他人注意，希望他人喜欢自己；需要获得他人关注

·过分敏感——关注他人；有存在感，懂世故

·不服从——有独立思想

·自贬——能够承认自己的错误；谦逊

·爱哭——能够表达自己的情绪，尤其是受伤或愤怒；非常有同情心

·固执——坚定信念，坚持自己想要达成的目标；界限分明

·有敌意——积极投入；能量十足

·令人困惑——在为新的成长做准备时总是打破旧的模式

·懒惰——闲散、成熟、放松、不介意；低耗能

·挑剔——关心他人；试图发掘出他人身上最优秀的特质；愿意为了达成目标而耗费精力

在家里，许多孩子都认为他们的父母吝啬、控制欲太强，因此，他们总觉得自己不被同龄人所接受，但最终，这些人会认为他们的父母很爱他们，也很护着他们，但是，这种观念的“重新构建”很少在十几岁时发生，反而更可能在他们当了父母后才发生。

问题是，怎样在体验某些经历的当下“重新框定”经历，给予自己更多选择，释放出压抑已久的情绪能量？

以下是一些相应的策略：

· 除了你自己固有的想法之外，还要开动脑筋想至少三条可能导致问题状况出现的原因。

· 将问题“重新框定”为机遇。

· 将弱项“重新框定”为强项（详见上文）。

· 将不可能“重新框定”为遥远的可能。

· 以中立的角度看待状况（我在这次事件中不是什么重要的角色），而不要站在不公正的角度去看待状况（他们是来抓我的）。

· 想一想你崇拜的偶像（如“圣雄”甘地或马丁·路德·金）会怎样解决类似的问题。

· 改变状况发生的环境：“现在，对乔来说，质疑一切是个问题，但成年后，这将成为他的一项优势。”

在我刚开始职业生涯时，我也有过一次换框的重要经历。我有机会跟一位卓越的人一起工作几年，他后来也成了我的重要导师之一，但他后来做出了一些我认为很伤感情的行为，所以我们的交情也就此终止了。有一两年时间里，我时不时地去回忆我与他共事的过程，最终，我问自己：“那时，他是怎么看待我做出的那些行为的？”让我懊恼的是，我认为，我做出的某些行为也可能会被他理解为不诚实、不支持他，我当时还不认为，我所做出的一切是破坏这段关系的合理理由，然而我一旦明白了促成这种局面我也有责任时，我就立刻不再因这些事而觉得受伤了，我改变了理解关系破灭的“框架”，考虑到了他的观点和感受，从而改变了我对整件事的理解。

心理疗法中的换框

心理治疗师普遍都是用换框来帮人们解决他们觉得困扰的问题的。心理治疗师马克·蒂勒尔就说过：“人陷入一种固定的思维模式中，并下意识地认为自己（局限性、消极）的观念和想法是唯一正确的，当另一种更广泛、更灵活、更积极的观点以出人意料的方式出现，并且让他们感到无可争议时，他们的观念就会发生重大转变。经过这样的换框的过程之后，人们通常就不会再用以前那种有局限性的思维去看待问题，也不会再做出有问题的行为来。”

例如，由于一位老教师不断地批评，某新教师渐渐地失去了自信心，为了让她不将这种批评当作对她事业的打击，心理治疗师用了消化的隐喻，将某些批评的话语比喻成了“没什么营养价值”的食物。心理治疗师还告诉这位新教师，她可以去仔细考虑一下这些批评之语是否合理，如果她实在接受不了，就可以丢到一边不用理会。

某人因对员工发脾气和恫吓而面临失业的风险，被问及为何要发脾气和恫吓员工时，他回答，他最担心的就是别人会利用他。心理治疗师问他：“你怕员工利用你，于是你就发火，就让怒气利用了你，那么，你还要让那些怒气利用你多久呢？”换言之，整个问题已经被换框了，他已经认识到，让他失去理智的是自己的怒火，而不是员工的表现。

学会如何换框

心理治疗师对问题状况进行换框非常有帮助，但许多人都没有时间和金钱去心理治疗师那里去咨询，你可以按如下所述的去做，帮你“重新框定”状况。

记日记

许多人都发现，记日记会很有帮助，在日记里总结一天发生的事，尤其是要突出你对这些事情的看法和感受。记这种日记，你还可以写下情绪和想法持续的时间，产生的理由，情绪和想法的强烈程度，以及你是如何应对的，等等。

通常，读了过去的日记记录之后，你的理解“框架”就很清晰了，这也许能让你明白，你需要怎样改变。

设想最糟糕的结果

你想象一下，问题发生以后，事情将会怎样发展。如果问题得不到解决，最糟糕的结果是什么？你会失去你的工作、你的婚姻、你的存款吗？如果你真的失去了上述所说的东西，那你会怎么办？你会做什么？你又能做什么？

大部分时候，当你设想出最糟糕的结果时，你会发现你仍然能够承受这种结果，无论如何，设想到最糟糕的结果能减少遭遇那种可能性时的恐慌和焦虑感，这也许并不愉快，但你仍然能够承受得住。预测到了最差的结果，你就能够自在地继续生活了，如果真的发生了最差的结果，你也已经准备好去面对了。

换框练习

以下是一种能帮你重新“框定”难以处理的状况的练习。

1. 确定“框架”：确定局限了你的行为选择的观念或态度，如不敢在公众场合发言。

2. 找到“框架”的积极意义，例如，避免在公众场合发言能让你不受批评或嘲笑。

3. 找到三种其他的方式去达到这一积极的目的，而不产生任何旧的“框架”带来的消极影响。如以下示例所示：

·我真的搞砸了一些报告演讲，大部分是因为我准备不够充分，如果下次准备再充分一点，我就会做得更好。

·我需要更多的在公众场合发言的经历和训练，我一定会去找这样的机会的。

·我还不知道我的这项能力真正如何，我要努力去尝试。

4. 说服你自己，不要被旧的思维模式完全控制，仔细考虑三种新的“框架”。

5. 回顾过往的经历，是否有符合三种新“框架”的？

6. 审视：你是否还是不赞成新的“框架”？

7. 继续找寻能够支持新“框架”的经历体验，开始构建你对公众发言的新态度。

我们最大的“框架”是我们自己的人生经历，如果我们重新“框定”它，那会怎么样？如果我们以不同的理解方法去理解我们的人生经历，那我们现在的生活会有所改变吗？这是我们下一章里将要介绍的内容。

总结

我们都是按照内心的想法和观念去理解外界的事物的。通过重新“框定”状况，找到其他合理的、能够兼容不同观念和认知的方式去理解状况，你也许就能突破你与自己或与伴侣之间的阻碍。如记日记、想象可能发生的后果，以及做换框练习这样的技巧，也能够帮你应对问题。

第 12 章　重新建构人生故事

根据需要重新"框定"你的人生故事，以创造新的抉择选项，释放你的潜能。

讲述自己的人生故事时，你会选择要讲哪些事件和经历，这些选择就显示了你看待生活的"框架"。如果你认为自己很害羞，需要保护，那么你可能就会忽略掉那些你表现得勇敢果断的经历。

改变你生活的方式之一就是改变你的人生故事。找寻新的方式和视角去理解自己的经历，你也许能够改变你的态度，改造你自己，以不同的视角去看待自己，这些你没有选择讲述的经历，也许就构建成了你人生的另一种完全不同的"框架"。

叙事疗法的领军人物吉尔·弗里德曼和吉恩·库姆斯称，"在任何人的生活中，未被人所知的故事和事件总比被人所知的多——即便是那些冗长而复杂的人物传记资料中，也还有很多故事都没有讲出来。这就意味着，当你的故事会产生伤害性的影响，或给人带来不愉快的感受时，我们不会说出来，但是我们可以通过突出这些经历的不同，或者从这些经历中提取出全新的意义，换一个角度来讲述这些经历，来改变它们。”这一过程可以这样总结：“事情并不总是你认为的那样。”

弗雷德里克认为自己是个软弱的人，遇到任何问题都不能坚持自己的立场。心理咨询师让他回顾自己的生活，回忆一下他有没有过成功坚持自己立场的经历，令他惊讶的是，居然还找出了一些这样的经历。回想起这些经历，他就能开始思考，哪些情况下他能够坚持自己的立场，哪些情况下他不能坚持，这两者又有什么不同。

很快，他就变得坚强了起来，他能够维护自己的利益，更明白哪些状况会让他觉得被动。他开始将自己的人生变成他更喜欢的那种样子。从那一刻起，他的职责就是要为自己的新生活添砖加瓦，让他自己未来也能享受这样的生活。

选择一种生活叙事的方式

我从自己的经历中了解到，在讲述自己的人生故事时，我们可以选择讲哪些内容。

大约四岁的时候，有一次，母亲太过疲累，急需休息，所以带我到了婴儿床边，让我也休息一会儿，为了防止我在她之前醒来吵闹不休，我母亲给了我一条旧项链玩，我当然先醒过来了，也很安静地玩了一会儿项链，但是，项链的绳索突然断了，项链上的珠子滚得到处都是，吵醒了我母亲，所以，她对我非常恼火。（我后来才知道，这条项链是她童年时最好的伙伴送她的。）这一次经历让我认为，我是讨厌的，不讨人喜欢的，即便我表现良好，所做的一切都符合要求，我仍然不受人喜欢。这一次经历令我印象深刻，后来我都是选择与这一次经历类似的事件，来定义我的生活的，我总认为自己“只会输不会赢”，自己是无论如何都得不到别人认可的。

几年之后，我经历的一次事件改变了我之前给自己下的定义。那时，我去上钢琴课，课程总是以老师弹奏她下节课要我练习的曲子结束，但有一次弹奏时却出现了问题。我来上课，弹奏了她指定我练习的曲子，只不过音调不对，我之前并没有认真钻研过那段曲子，我只是重复弹奏了我记忆中老师弹奏的曲子，这说明了我有一定的音乐天赋和创意，但却没有遵守规则。我偷听到母亲和老师谈论这件事，我母亲总结说：“詹姆斯只要下定决心去做，那就什么事都能做成。”

这两种观点——“只会输不会赢”和“只要下定决心，你就什么事都能做成”——一直交替在我生活中出现，幸运的是，占主导地位的是做成功了的事，但“只会输不会赢”似乎是一种经常出现的插曲。

这些相互矛盾的观点都是基于重要但不会带来创伤的事件而产生的，那些经历了重大创伤的人，很容易就让这种创伤成为了人生故事的主要格调。

格温讲述自己的人生故事时，总会以小时候被父亲性侵的经历开始，那一次经历之前的记忆，她已经记不清了，只记得小时候别人总夸她长得漂亮，她认为，这也是父亲当年会性侵她的理由，即便现在已经成人了，她也对别人夸她的美貌有着矛盾的感受。内心里，她也深深地担忧，觉得自己也该为小时候的性侵承担责任。

格温很吸引男人的视线，但她总不愿意让人太过靠近自己。多年来，她也曾多番努力与他人建立亲密关系，却总是以失败告终，事实上，那次性侵之后，她就开始怀疑所有男人。

认识唐尼后，她就被他所吸引，因为他很热情，讲感情。同时，她也认为，跟他在一起，她就不用去面对自己的父亲和家人了。她也在一定程度上认为，利用他是没问题的，就像她小时候也被男人利用过一样。

而对唐尼来说，格温居然能注意到他，他很惊讶。他的家庭很大，人很多，关系也很融洽，他的家人们都认为，婚姻就意味着唐尼已经是成年人了，要为家庭负责任了，现在，唐尼把她娶回家了。

唐尼总是很护着格温，把她当成他的公主。唐尼认为，格温是他认识过的最漂亮的女孩，这让格温很开心，但她也觉得，唐尼重视她是因为她的美貌，而不是因为她这个人。唐尼的亲密感情需求让格温觉得很难满足他：唐尼所需要的似乎正是她所缺乏的东西。她认为他的爱是为了满足他自己的需求，而不是爱意的表达。

有了孩子后，唐尼发现，他不能从格温身上得到情感的温暖。尽管在教育孩子的问题上，他们没有进行过商讨，但格温把主要的育儿任务交给了唐尼，如果孩子们有什么问题，或者不守纪律不守规矩，都归唐尼处理，格温只负责做饭、做家务，她对孩子和丈夫都没有什么情感投入。

格温认识到，随着时间流逝，家庭成员们对她形成了一致的观念。她的丈夫和孩子都认为，格温很容易激动，很敏感，需要没有噪音、没有干扰的环境，也不能对她发脾气，而且她也没有做任何努力去改变这种观念。

渐渐地，大家就把这种观念归因于她的“公主”形象，大家都认为，她太文雅了，不适合参与日常事务。大孩子们学会了不让格温处理他们的情感问题，并告诉年幼的孩子们，出现了问题就该去找爸爸，而不能麻烦妈妈。当格温患上了一些医生认为可能是情感原因引起的身体疾病时，家人们就更认为，她过于脆弱，无法处理繁杂的家务问题了。

最小的孩子上大学时，格温一开始感到非常宽慰，后来却因为孩子离开更加孤僻了，这让唐尼很苦恼。几个月之后，唐尼和格温的感情似乎出现了问题，唐尼总想劝格温参与社交活动，但她却总以身体问题为由拒绝。双方都觉得很迷惘，唐尼决定用各种不同的社交活动来打发时间，而格温却越来越孤僻了，终于，唐尼说，格温应该去做心理咨询，不然他就会离婚。

童年性侵是一种痛苦的经历，尤其是，当施暴者是父母或是可信的成人时（如教练、老师或祖父母），这种痛苦更甚。不幸的是，没有人帮助格温来处理这一问题，所以她认为自己的人生故事都是因那次悲剧性事件而来的，那次性侵让她不再信任男人，别人欣赏她的美貌，她既因此而开心，也讨厌它。她无法回应唐尼的亲密情感需求，她将与孩子培养感情的任务都交给了唐尼，但最小的孩子上大学后，亲密关系的缺失威胁到了他们的夫妻关系。格温刚开始接受治疗时，她觉得她的人生很失败，她曾多次排斥他人亲近，因为她觉得自己无法回应他们。

因为性侵的经历严重影响到了她，所以治疗的第一步就是要处理性侵造成的影响。显然，无论何时回忆起那次经历，她都认为，她该为那次经历负责，如果她的父亲没有被她所吸引，那么性侵也就不会发生（她的妹妹就没有经历过这样的事），这种观念造成了她对美貌的复杂情感，让她认为，被她的美貌所吸引的男人不值得信任，因为这让她无法真正相信他们，只有唐尼突破了她的心理障碍，但她仍然拒绝与他建立亲密的情感关系。

格温决定接受治疗，仅仅是讲述被性侵的经历，就已开始起到一点改善作用，然后，她按要求去回忆那些成功的人际关系事例，哪怕持续时间不长也算，最后，她还按要求回忆了自己那些没有因美貌、脆弱的情感而成功解决了的问题。这些回忆向她证明，虽然她经历过性侵，而且那段经历不会因过去了而消失不见，但她也可以开始改变因那段经历而建立起来的情感现实。

后来，格温讲述的人生故事就更适度一些，不再那么极端。她仍然会提到那次性侵，但那却不再是定义她人生的重要经历，她还能想到那些她曾成功处理了生活中的情感问题的经历。她心理状况越健康，她回忆起来的有积极意义的经历就越多，渐渐地，她开始觉得自己是一个成功的、充实的人，而不只是徒有美貌的人。

许多因素会让人从受虐的经历中恢复过来：孩子受虐的类型、受虐产生后果的严重程度和持续时间、受虐的年龄，是否有其他可信赖的人或家庭成员知道受虐的经过，相信并支持孩子，以及孩子自己处理和应对困难状况的能力等。通常，从那种经历中恢复过来，并改变自己的人生故事，需要有心理学专业人士的指导和帮忙。

家庭迷思

个人的某些个性特征是家庭迷思强化的，而这些家庭迷思可能会遮盖真相，不能体现出家庭中的问题，也许是父亲酗酒或母亲情绪不稳定等。格温的家里，家庭成员们就都认为，用格温身体不好，情绪不稳定，来解释并包容她无法跟他人产生亲近感的事实，让整个家看起来一切正常。

问题在于，这些迷思通常都是为了满足自我而形成的。格温成了一个无比紧张、无比脆弱的人，甚至还发展出了与这些迷思相符的生理问题和疾病。孩子们离开家以后，调解唐尼和格温关系的调解器就不在了。

格温需要专业的帮助，来治愈她童年时经历的创伤。唐尼也需要帮助，去认识那个在刚结婚时给他带来过很多荣耀感的美丽面孔背后的真实女人。

他们在婚姻中创造的家庭迷思无法挽救他们的关系，如果他们想要继续共同生活，那他们就要改变自己，以及与彼此之间的关系。

家庭迷思和生活故事

一般来说，个人讲述的生活故事必须与自己的家庭故事相适应。

弗兰克和伊迪丝各自的家庭对婚姻中夫妻角色的看法都差不多一致。他们都认为，丈夫是挣钱养家的人，而且他也负责传统意义上男人该干的活儿，如修剪草坪、修理汽车，以及家里的所有机械类器具，确保让它们正常运转。丈夫也是一家之主，家中的所有事务决策，丈夫都是最后拍板的人。弗兰克和伊迪丝都认为，优秀的妻子应该取悦丈夫，不应质疑或威胁丈夫，并应承担所有家务，包括养育孩子。

为了养家，弗兰克在沙特阿拉伯找了一份薪资非常高的工作，他认为，伊迪丝和孩子们留在家里是最好的。不过，虽然弗兰克会寄钱回家，但伊迪丝却觉得，丈夫不在家，自己的责任更沉重了，她受不了；她既要负责家里的所有开销，又要做家务，料理孩子们的起居。因为孩子们都上学，她决定最好还是找份工作，于是她接管了一家小型的志愿者机构。

两年后，弗兰克一回到家里，马上就跟伊迪丝发生了争吵。当他按照他认为合格的丈夫和父亲的标准行事时，伊迪丝就会质问他，他为什么不尊重她。她告诉他，他不在家的时候，她也能独自把所有事情都处理好。弗兰克感觉他遭到了排斥，而伊迪丝却认为，离开两年回来后，他又会把她变成一位仆人。

即便是最简单的事情也会让他们爆发冲突。如果伊迪丝没有请他，就自己修好了漏水的水龙头，弗兰克就觉得自己毫无用处，在这个家里是不必要存在的人。伊迪丝认为，弗兰克劝说她放弃工作就是为了让她依赖他而生活。

感觉遭到了排斥，弗兰克就回家寻找父母的精神支持。弗兰克的母亲和姐姐开始来责备伊迪丝，指出她的行为让弗兰克很难受，她们提醒她，妻子的职责就是要支持丈夫。伊迪丝的母亲也表达了对他们问题的关心，但也第一次承认，以前她自己也遭遇过类似的状况，考虑过离婚。

虽然从双方的家庭都没有获得任何支持，但伊迪丝却得到了一个妇女机构的帮助，那里的女人们也在讨论着类似的问题。这一机构里的好几个女人都认为，“男人们就是那样的”，所以唯一的解决途径就是离婚，不依靠他们而活，这让伊迪丝很不舒服。

家庭迷思也不过就只是观念而已，它们帮我们构建自己的生活，赋予我们的经历以意义，但有时候，它们也并不那么管用。它们不再管用时，我们就可以转而去寻找新的信念，帮我们重新认识自己的生活经历。

通常，当旧的观念让我们无法发挥出自己的潜力时，我们就会排斥、否认这些观念。一个认为自己沉闷的有创造力的人，只要摆脱了家庭迷思的束缚，不再按家庭迷思规定的那样行事，那他就能发挥出创造力。一个尽职尽责的好母亲，摆脱了职责的束缚，她就会展现出自己的魅力——就像伊迪丝那样，当她的家庭环境发生改变，她的丈夫离家在外，她自己成了独自守护家庭的母亲时，她就能迅速随着环境变化而变化，施展出自己从未发掘出的潜能。伊迪丝认为她变得更坚强了，不再是那个被家庭迷思束缚的尽职尽责的母亲了。

从很多方面来说，弗兰克的处境都很糟糕。他是按照从小到大学到的规则来行事的，他甚至也遵循着他和伊迪丝刚结婚时所达成的规则，但现在，这样做不会再得到伊迪丝的爱和尊重，而只会引起伊迪丝的抱怨和怒火。他被自己以前的观念所束缚，却又不知道该如何摆脱这种束缚。

家庭迷思受到冲击时，就会有人站出来力挺之。伊迪丝表明自己的立场后，就不得不应对来自家庭成员的一系列抨击。就连她母亲也维护旧的家庭迷思，只是表明了自己在这种局限性观念管束下的不幸经历，偷偷维护女儿。

由于没有得到家人的支持，伊迪丝寻求一个新的组织——一个妇女机构——为她提供新的观念来取代旧观念。然而，她很快就发现，成为这个新的组织成员的代价是，要接受一种新的观念，这可能会让她与自己以及丈夫的家庭迷思产生更大的冲突。

改变你的人生故事

你很可能需要改变你的人生故事。大部分人都没有时间或毅力去完全改变整个经历，所以你可能会重点关注与你的伴侣观念相冲突的原生家庭迷思和自己的经历。如果冲突与养育孩子、性关系、钱财管理相关，那就要先解决这些问题。

以下这项活动，伴侣双方都可以参与进来，它能帮你们重点关注核心问题：

1. 想一想过去的经历，有哪些能促成出现造成现在冲突的问题。这可能会让你按年龄或按如父母离婚、搬家到一个新城市这样的重大事件，将你的生活经历分为几个不同阶段。童年时的经历尤其重要，因为你的观念完全是靠这些经历得来的，而不是根据成人对状况的看法而得出的。这一步骤的目的是让你们关注你们想要提出的问题。

2. 现在回忆一下，你记不记得你自己或你崇拜的人行为方式上有超乎你或伴侣预料之外的事情，这些事情最后发展成什么样子了？事情的结果是你预料之中的吗，有产生什么不一样的结果吗？你对这些事情的“经历者”们有何感受？

我猜，你们一定会为自己回忆起来的事情之多而感到惊讶，不要以为这些事情马上就会被全都回忆起来，可能需要好多天的时间，你才会都想起来。你可能会发现，你过去做出的行为远超过你的预料。你回想起来的一部分事情也许证实了你当前的感受，但你也会回想起很多产生了其他不一样效果的事情。

改变你生活的方式之一就是改变你的自我对话。我们内心里的声音不断对我们的行为和生活事件做出评论，我们也据此不断改善自己。培养积极的自我对话，是一种有效的“重新框定”我们自己的方式，这一点我们将在下一章里详述。

总结

当你讲述生活故事时，你会对你要讲述的重要事情进行抉择，这些抉择构成了你看待你生活的“框架”。改变你生活的方式之一就是改变你对自身经历的看法和观念，在这个过程里，你可能会重新发现，那些遭到了你否定和漠视的生活故事，正是让你拓展不一样的能力、让你以不一样的眼光去看待自己人生的关键所在。

个人经历通常也会受到家庭迷思的影响，这些迷思帮我们构建自己的生活故事，赋予我们的经历以意义，但当它们不再起作用时，我们可以寻找新的信念，以更好地帮我们感受和体验自己的生活。

第13章 自我对话

审视自己的自我对话，确保它对你有意义，在需要的时候也可以进行修改。

如果你犯过严重的错误，那你可能会听到你内心里的声音评价说："这样做真的很蠢！"我们内心里都有对自己做出的行为进行或好或坏评价的声音。

你不认为你内心里有这样的声音吗？那当你遇到如下状况时，关注一下你的想法：

- 你在商店里思考你需要什么。
- 恼怒的时候，努力让你自己平静下来。
- 练习要求加薪。
- 说服自己不要暴饮暴食。
- 让你自己跑一圈再冷静一下。

· 事后才想出机智的反驳。

在上述这些时候，你可能会发现，你内心的声音就出现了，让你为可能发生的事做好准备，或者弄明白发生了什么事。心理学家们将这种内心的声音称为自我对话，每个人都会有这种自我对话。

为什么进行自我对话对处理情侣或夫妻关系矛盾很重要呢？改变你的自我对话是改变你的观念的有效办法。如果你和你的配偶分别努力改变自己的自我对话，你们就能够改变引起冲突的态度、观念和行为。

自我对话就像电脑软件一样，告诉我们应该怎么应对，怎么感受发生的事情和状况。很多自我对话的内容为我们提供了重要的、能适用于我们的信息，让我们获得成功，甚至能够让我们保命。例如，“过街之前先两边看看”“相信自己”都是对人很有帮助的提议。

但是，也还有其他的自我对话会给我们造成困扰，让我们无法完全展现自己的能力和个性，这时候，你内心的自我对话可能会这样告诉你：

· 我就知道这样没用。

· 就是没用。

· 我没有创造力。

· 我时间不够。

· 我不知道要说什么。

· 我就是不擅长学习。

· 我就是适应不了这一切。

· 我没有以前那么精力充沛了。

· 我就是不擅长数学。

· 我也希望我能唱，但我嗓子不好。

· 我害怕在公众场合发言。

· 我就是不懂音乐。

· 我真的是山穷水尽了。

· 我触碰到的一切都很快就不见了。

读到上述的语句时，你可能还会回忆起第一次对你抱怨这些的人说这些话的表情和神态。你的父亲可能告诉过你，你的数学学得很糟，你可能在无意中听到你母亲告诉你祖母，你不擅长学习，然后又听到你母亲跟你说同样的话。

听到大人跟孩子说“你真蠢”“学习不是你的强项”这种话时，我就会露出龇牙咧嘴的表情。如果你想让一个人做出愚蠢的行为，无论是孩子还是成人，说他们蠢就是最好的方式之一。

我们大部分的自我对话的内容都跟孩提时代形成的观念有关。如果我们经常听到这些观念，或者遇到情绪紧张的状况时，我们就会相信它们，当有类似的事情发生时，我们就会跟自己复述这些观念。但你真的想要让自己四岁或八岁时的情绪控制自己，在那样的情绪中做重要的抉择吗？当我们接受关于自己、关于生活的消极的自我对话内容时，我们就是在那样的情绪中做重要的抉择。我们对自己的某些基本态度和观念其实都是由未经考虑的童年经历引起的。

开始关注你的自我对话，并写下自我对话过程中的某些内容。问问自己，我会对别的朋友说我对自己说出的这些话吗？可能不会。作为成人，我们都知道，说有消极影响的话是会伤人的，甚至可能毁掉我们与他人的关系，那我们为什么要对自己说这种话？作为一种通行的规则，你不会对别人说的话，也不要对自己说。

练习自我对话是一种很好的方式，让你去质疑那些指责你性格天生有问题的观点。如果你有什么缺点，那它们也不会一直存在，你可以通过改变自己来改掉这些缺点，做出了改变之后，你可能会发现，在以前有问题的那些方面，你是有潜力做好的。

有时候，自我对话传递出的传统观念与我们试图给自己或他人带来的改变相悖。例如，以下关于冲突的自我对话内容，很多人都会不假思索地接受：

·任何时候，只要有人说我坏话，我就必须指出他们自己的缺陷，让他们不再说我。

·最好的自卫方式就是攻击他人。

·人生总有输赢之分，而我要当赢家。

·不同意我观点的人都是我要对付的对手。

·一旦我做出了最佳的抉择，那我就必须牢牢把握住，并护住这个抉择机会。

上述这些话都描述了一种冲突解决的模式，它们都让双方更难以达成都能接受的冲突解决方案。如果你用这样的观念去处理情感冲突，那你就会失去这段情感关系。

转而用积极的自我对话

那我们怎样改变消极的自我对话？用电脑行业术语来说，就是要用“新的程序”覆盖代替消极的“程序”，这说起来容易，做起来难。

以下是以积极的自我对话“覆盖代替”消极的自我对话的基本步骤：

1. 留意关于自己的自我对话

第一步就是要留意你的自我对话，辨识出其中消极的内容。如果你没有辨识出它们，没有有意识地改变它们，那你就不能够改变那种消极的自我对话。

有些人发现，做自我对话内容记录是有帮助的。每次发现消极的自我对话内容时，都在笔记本上做表格记录下来。

2. 留意你身边人的自我对话

有时候，观察消极自我对话对他人产生的效果，能让人更容易明白消极自我对话对自己的影响。当然，你无法听到他人心里的自我对话，但人们总是将自我对话的内容大声说出来："我就是不擅长这种类型的东西""我没时间去处理那种事""我总想要那样做，但又不知道那样做以后会产生什么效果"。听到这些话，你可以思考一下，他们的自我对话怎样限制了他们？有了那种消极的自我对话，他们是否就不再做他们应该做或想要做的事了呢？他们是否会避免一些可能对他们有帮助或有趣的行为方式？

3. 辨认出那些你想要改变的消极的自我对话

接下来，你就要辨认那些你想要改变的消极自我对话了，很多的自我对话都是对你有帮助的，那么，哪些类型的自我对话给你造成了问题呢?

由于我们现在谈论的是怎样处理与爱人的冲突，那么，以下就提供一些你处理情感问题时需要的技巧：

· 接受对方与你有不一样的情感现实的事实。

· 一直倾听，直到你理解了对方，也让对方感觉到你理解了他 / 她为止。

· 避免将对方视作问题。

· 学着去理解对方，不将对方的所有观念都当作是反对你的，不要那么有防御心。

· 要相信有很多可行的解决办法，不只有你认为可行的那一种。

如果你心里的消极自我对话让你很难做出改变，那么上述的话可以让你开始削弱消极自我对话对你的影响。

4. 消除内心的消极自我对话（“删除，删除”）

一旦学会了去留意内心的消极自我对话，你就可以在它出现的时候主动发起“攻击”。

以下是一些能帮你消除消极自我对话的策略：

· 有些人会随身带着橡皮筋，一旦有消极的自我对话产生，他们就会用橡皮筋弹自己。（我从未试过这种方法，但却听说这样做很管用。）

· 有些人会给自己心理暗示，如不断地告诉自己“删除，删除”，以让自己阻止消极的自我对话出现。

5. 用积极的自我对话取代消极的自我对话

你总是会进行自我对话，但不一定是消极的，积极的自我对话能够帮你，消极的自我对话就需要改变，改变你消极的自我对话，这样你的态度和行为也就会改变了。

找到能真正引起你共鸣的、能表达你真实感受的内容。以下是我的一位朋友会用到的一些话：

· 我真的爱你，我现在也感觉非常（恼怒、沮丧等），我需要一点时间来平复心情。

· 我能够平静下来，结束这种对话。

· 我知道我可以的，我也能掌控住这种局面。

· 我信任爱我的人。

· 我们以前曾一起面对过很多难题，现在这一次也一定可以的。

· 我能够控制自己的情绪和行为。

· 我相信自己，我能够表达我自己。

· 无论如何我都可以照顾好自己。

· 现在我放下过去，信任他人。

· 我有这个能力来处理这件事。

· 我可以保持清醒、冷静、自信。

· 现在所发生的问题不是关于我的。

· 我选择不做出激烈反应，不被当前的状况所困。

· 我相信，随后我就能跟我的配偶谈论这个事了。

· 我能管理好我自己。

· 我可以寻求帮助。

· 我不是孤独的。

· 我可以依靠他人。

· 我可以依靠我的配偶。

· 我有任何感受都没问题。

· 我可以选择我的行为方式。

· 如果我相信自己，我就能做出不一样的行为。

· 我是个很棒的倾听者。我对身边发生的一切都很关注，很感兴趣。

· 我有勇气将我的感受告诉其他人，我为我说过和做过的一切负责。

有些甜言蜜语听起来让人讨厌，有些会给你承诺，让你充满希望。忽略那些讨厌的甜言蜜语，关注那些能赋予你能量的话。

你需要找到积极的自我对话来解决你们正在处理的问题。你需要做情感投资，需要去选择对你重要的语汇。写下在当前的压力状况下能够帮到你的积极话语内容，好像你想要的改变已经发生了一样。

以下是以积极的自我对话取代消极的自我对话的示例：

表 13-1

消极的自我对话	积极的自我对话
我以前从未这样做过。	我正在这样做，我喜欢这样做。
这太复杂了。	我正在一步一步地想明白，我总会了解清楚整件事的。
我没有资源。	我正在凭借我拥有的资源开始行动，我相信一步步的成功会吸引来更多资源。
这样挑战性太大了。	我已经做了风险评估，我认为，预期的利益值得让我冒这些风险。
没有人跟我沟通过。	我正在努力结识其他人，我会跟能够帮到我的人建立关系。
我已经尽全力了。	我还在继续努力，我相信天道酬勤。

你可能并不喜欢听到上述表格列举的某些话，也许它们听上去太过盲目乐观了，你可能需要更强烈或不那么强烈的话语。在下面的表格中或在自己的记事本上列出你自己需要的话语内容。

表 13-2

消极的自我对话	积极的自我对话
我以前从未这样做过。	
这太复杂了。	
我没有资源。	
这样挑战性太大了。	
没有人跟我沟通过。	
我已经尽全力了。	

现在，试图确定你们想要解决的问题，然后写下能帮你处理这些问题的积极的自我对话。

表 13-3

消极的自我对话	积极的自我对话

续表

消极的自我对话	积极的自我对话

改变消极自我对话的任何方式，其基本要素都是重复。你已经重复以往的自我对话很多年了，要替换掉它们需要很长一段时间。有些人甚至称，旧的自我对话“程序”似乎总是试图说服他们不要采用新的自我对话“程序”。重要的是，要选择对你很重要，能够震撼你，而且你也喜欢听的内容。坚持这样去做！

以下是人们用于“编程”积极的自我对话的一些技巧：

照镜子：早上起床洗漱时，你可以对着镜子里你的影像大声说出能鼓舞你的积极的自我对话内容，至少说十次，说的时候要充满热情和能量。

便利贴：让你想到积极的自我对话的方式之一，就是在显眼的地方贴便利贴。不必把所有的内容都记在便利贴上，只要给出足够的线索，能让你想起全部的内容即可。

3×5 英寸（1 英寸 =2.54 厘米）的索引卡：有些人会把积极的自我对话内容记录在 3×5 英寸的索引卡上，他们随时会取出这些卡片，大声读出那些内容。

录音：重新“编程”你的自我对话的最有效方法之一是播放这些内容的录音。市面上有一些专家的录音或文字记录，但如果你想用自己个性化的话语，你就可以自己录制。大部分的手机可以记录并播放你的录音。心理学专业人士称，在安静的环境中一边做其他事情一边听，这样尤其有帮助。

6. **多与积极乐观的人在一起**

有些朋友会让你一直保持惯有的样子。他们更喜欢你旧的自我，会因为你新的自我而受到威胁，他们会支持你旧的“编程方式”。即便他们不批评你做出的新行为，他们自己内心里也充满了消极的自我对话，这些对话的内容影响了他们的行为，所以也会阻碍你做出努力去改变自己。注意一下，跟那些有积极“编程”的人，以及鼓励你以全新的态度和行为行事的人在一起是什么感觉。

许多人都发现，我们不仅需要重新“编程”我们的自我对话，而且我们的不同个性也传递出了不同的信息。下一章里，我们将介绍怎样去了解我们个性的不同方面，以及事发时是哪种个性在主宰我们的思想。

总结

我们内心都有评论自己行为的声音，好的坏的评论都有，心理学家们将这种内心的声音称为自我对话。你和你的伴侣可以各自付诸努力，去改变那些引起冲突的态度和行为。消极的自我对话是大家都有的，它让我们陷进了童年时就开始形成的态度和观念之中，而且我们并没有对这些态度和观念进行有意识地重复检测。你总是会进行自我对话，你可以学着去关注这些对话的内容，并修改它们，这样，它们就不再是消极的自我对话，而是支持你去做出你想要做出的努力的积极内容。

第 14 章　谁是内心发言人

了解你人格的不同方面，让它们互相对话。

当兰迪和茱莉亚因不同的情感现实而爆发冲突时，他们的个性似乎都改变了。兰迪变得吹毛求疵起来，虽然他总认为自己思想开明，没有偏见，但冲突中的他是很武断的，他认为，他的观念是完全正确的。而茱莉亚则变得叛逆倔强，就像个被激怒了的八岁孩子，总让兰迪抓狂——他们看起来变得跟平日完全不同。

从一方面而言，他们的确跟以前不一样了。他们两个的附属个性都开始唱主角，就像某些心理学家所称的那样，他们现在的**自我状态**不一样了。我们大部分人都认为，我们的个性是单一性的，不会改变的。而我们心中总会有天人交战的时候，好像内心里有两个独立的不同个性在战斗一样，我们甚至会这样说："我心里的一个声音引诱我继续往前走，而另一个声音却警告我不要再继续了。"

几年前，我跟一位我认识的心理治疗师共进午餐。我就某种问题状况提出了我的感受时，他问道："你内心委员会的哪一方有这种感觉？"这个犀利的问题也给因不同的情感现实而产生冲突的配偶们提出了一个问题。因不同的情感现实而产生的冲突，可能会触动你们个性的不同方面——也就是你内心"委员会"的不同成员们——相互争斗，占据冲突中的优势地位，甚至占据固定的位置的个性，会让个性的其他部分感到不适。

兰迪和茱莉亚做出武断的、幼稚的行为时，就进入了某些心理学家们所称的类似亲子关系冲突之中。冲突升级时，我们自己内心里的家长式和孩子式个性更容易凸显出来，而它们也更加剧了矛盾冲突的严重程度。兰迪总像家长一样批评指责茱莉亚，而茱莉亚则像孩子一样，为自己去对抗那多年前一直羞辱她的专横的家长。她内心里的孩子，因为可能失去爱而受到了威胁，于是就做出了与童年时相关的行为，爆发了与那时有关的情绪。

冲突爆发时，内心里的不同自我之一会控制我们。我们可能会对情况做出相对现实或客观的评估，也可能会从孩子的角度进行回应，这时候，我们会相信，自己感受到的是绝对真实的。

要解决因情感现实不同产生的纠纷，我们就需要自我反省，弄明白我们内心"委员会"是由哪种认知主宰的，为什么我们会产生这样的认知。

现代的意识研究人员告诉我们，人类的人格是由不同的自我状态组成的，自我状态就是不同的感受以及相应的行为模式。其他心理治疗师们通过进一步研究声称，个性的不同部分就是“多种独特的自我，每一种自我都有自己的情感和欲望，年龄、脾气、天赋甚至性别都不一样”。心理学家们认为，这些附属个性是随着时间流逝而逐渐形成的。

奥地利精神分析学派创始人弗洛伊德认为心灵由三个部分组成：本我、自我和超我。本我就是心灵中易冲动的部分，包括性欲、野心和隐藏的记忆都是基本的本能。弗洛伊德认为，我们生来就有完整的本我。自我是童年时培养起来的，也是将虚幻的本我与外在的真实世界联系起来的桥梁。它是人格的决策者，是将本我的欲望与超我的道德约束联系起来的纽带。超我就像一种意识，反映着童年时我们从父母长辈那里学来的社会标准。

弗洛伊德的理论就只是一种理论而已，除了在精神分析领域的作用之外，这种理论不再是心理学的核心理论。然而，弗洛伊德的思想却是后来许多心理学思想理论的基础，其中最有影响力的理论包括如下几条：

- 心灵是由相互竞争，或试图相互控制的附属人格组成的。

· 这些附属人格是由童年经历塑造而成的。

· 我们的行为既受到了我们理想中的自己的束缚，也受到了童年经历（以及其后的经历）的约束。

· 我们心灵的一部分通过间接的方式来处理无意识的心理活动，如做梦、催眠、心理想象和弗洛伊德式口误。

沟通分析

也许，关于心灵构成的最著名理论就是沟通分析理论，在 20 世纪 60 到 70 年代，这种理论非常流行。沟通分析理论是艾瑞克 · 伯恩博士在自己的作品中提出来的，他曾学过弗洛伊德精神分析学的理论，也是一位有多年经验的精神治疗师，他的作品包括畅销书《人间游戏》和《人生脚本》。其他介绍沟通分析理论的知名书籍有《我好，你好》（作者：托马斯 · A. 哈里斯）和《生活的剧本》（作者：克洛德 · 斯坦纳）。沟通分析理论如此流行，它们甚至被写进了歌曲、影片和动漫作品中。

沟通分析的主要理论是，人有三种自我状态：父母、成人和孩子（见下文图）。伯恩将自我状态定义为“一种与相应的一致行为模式直接相关的一致的感觉与体验模式”。不同的自我状态会引起我们对正在沟通的人做出不同的回应，我们在父母状态下做出的行为与在成人或孩子状态下做出的行为完全不同，相应地，跟我们沟通的人对我们的回应方式也会影响到我们的行为方式，这是根据他们以及我们的不同自我状态所决定的。三种自我状态最简单的模式如下所示：

父母自我状态
行为、思想和感受都是从父母或长辈那里学来的。

成人自我状态
此时此地直接产生的行为、思想和感受。

孩子自我状态
行为、思想和感受是从童年的经历中得到的。

图 14-1

父母自我状态：这种状态下，人的行为、感受和思想是无意识地模仿父母（或其他长辈）的行为、感受和思想而来的，或者说是通过对自己的父母言行的理解而产生的。如果父母或其他长辈要求苛刻、吹毛求疵，孩子就会默默地记下父母的行为。如果父母充满爱心、关爱孩子、支持孩子，那这些行为习惯也会成为孩子的成人自我状态的一部分。父母状态的自我会将如下的警告记在心中：

· 不要跟陌生人说话。

· 闭上嘴吃东西。

· 过街时要先看看两边。

成人自我状态：这一自我状态下，人会对现实状况做出客观的评价，会处理信息，并对能影响人行为的主要情绪和情感做出预测。上文介绍的畅销书《我好，你好》的作者托马斯·A. 哈里斯将成人比作“数据处理计算机，处理整合了三个来源（父母、孩子和成人模式收集整合）的信息之后，做出决定”。

孩子自我状态：在这个状态下，人的行为、感受和思想都是按照与童年时类似的行为、感受和思想而形成的。这种状态下的人是情感和创造力的源泉，喜爱玩乐，行为有自发性，喜欢与他人亲近，对外部事件有自己的情绪感受。伯恩认为，孩子状态基本上是在五岁时形成的。

伯恩的三种自我状态跟弗洛伊德的本我、自我和超我概念很类似。而伯恩却坚称，自己所说的三种自我状态与弗洛伊德提出的概念是不同的。伯恩宣称，本我、自我和超我只是概念上的东西，而自我状态却能从人的行为中观察到，他自己接诊过的精神疾病患者和社会上所有的人都有三种不同的自我状态。

后来，伯恩又提出，父母和孩子的自我状态都有积极和消极的一面，事实上，这些不同的方面从本质上而言也是独立的自我状态。有关爱式的父母自我状态，能容忍、接受一切，对外界人和事非常关心；也有控制型的父母自我状态，总是号令他人，声称他人应该做什么、必须做什么。有自由自在的孩子自我状态，精力充沛，天真无邪；也有独立自主的孩子自我状态，极具反叛性格，总想要挑战权威。

伯恩声称，不同的自我状态相互作用时，就可能产生或积极或消极的影响（即沟通分析）。他研究的课题之一就是确定事发时人的自我状态，以及它们造成积极或消极结果的理由。

最简单的沟通形式就是两个成人自我状态的人的对话，例如，一个人可能问："你见过我的手表吗？我一定把它放在什么地方了，但我忘记了。"另一个人回应道："是的，我想我在厨房的橱柜上见过。"双方都对这种交流很满意。

但情况并不会总是那么顺利，任何夫妻都会遇到不顺利的状况，这时，双方的对话可能会是如下的样子：

"你见过我的手表吗？我一定把它放在什么地方了，但我忘记了。”

“你为什么不能整理好自己的东西呢？老是要跟在你身后收拾，我烦透了。”

或者像下面这样：

“你见过我的手表吗？我一定把它放在什么地方了，但我忘记了。”

“你什么都要靠我。”

这两种状况下，最初的要求都是成人希望对方提供信息（而根据语气、语调的不同可能解读出不同的意图）。在第一种示例中，回应者是按照控制型的父母自我状态来回应的。而在第二种示例中，回应者是按照独立自主的孩子自我状态来回应的。两种回应方式都没有产生令人满意的沟通结果。

沟通分析疗法旨在帮人们确定由各自的自我状态而产生的行为。一个人因父母自我状态而做出的行为，跟另一个人因父母自我状态而做出的行为完全不一样，因为每个人的父母自我状态都是因内心对自己父母（或其他对自己有重要影响的长辈）的看法而形成的，每个人的父母自我状态都是独特的。（各自的父母自我状态不代表父母真实的言行习惯，而只是孩子对父母的认识。）

分析沟通方式时，我们必须透过说话的内容去看说话的方式：对特定语汇的强调，语气和内容多少的改变，等等。非语言的信号，如肢体语言和面部表情，也是沟通的一部分。美国心理学家艾伯特·梅拉比安就指出，倾听者是按如下比例去关注信息提供者发出的信息的：

· 真实语言：7%

· 话语的表达方式（说话的语气，对特定语汇的强调等）：38%

· 面部表情：55%

家庭治疗

传统的心理治疗中，只有患者和治疗师单独参与，以确保让患者能自主分享自己的感受，但从20世纪60年代起，治疗师也开始关注患者的家人们。开展家庭治疗的前提是，家是我们的主要力量来源，也是我们个人活动的主要开展地。人是环境的产物：要理解个人，就需要理解其所在的环境。改变家庭环境，你就能改变每一个家庭成员的生活。

家庭治疗的一些基本前提如下：

·家庭是一个系统。一个系统不只是它各部分的综合：它是一个有机的整体，成员们以超越本身个性的方式运作，主要问题是家庭系统内部的沟通模式。

·家庭成员的角色会受到家庭观念的影响。家庭成员的角色是相互起作用的、互补的。例如，一个专横的人就希望自己的配偶听自己的话。父亲对子女是严格严厉的，而母亲则是仁慈温和的。这些角色是相互支持的，除非有一方自己改变，否则没有人能改变。

·家庭矛盾是由人们做出的行为及反应造成的。每一位家庭成员的行为都会影响到其他成员的行为，这种影响是相互循环的，这个有问题的行为究竟是谁先开始做出的，人们都不记得，而这也无关紧要了。

·我们必须留意人们相互交流沟通的方式和过程，而不是内容。

·随着家庭成员的逐渐成熟和生活需求的改变，家庭也必须经历变革。

·每个家庭成员都有自己的生活故事，虽然他们的故事记录的是他们的经历，但这可能也限制了其他家庭成员的行为。

·家庭成员只会选用自己认为可行的行为方式，家庭治疗能帮他们拓宽行为选择的范围。

家庭治疗的关键就是要弄明白成员们各自承受了什么负担。如果人经历了一次严重的心理创伤，他们可能会承担情感上的痛苦很多年，这种痛苦就是一种精神负担。精神负担也可能是家庭迷思带来的。你可能认识一些夫妻，他们之所以能够平衡相互的关系，仅仅是因为他们是互补型的。查理花钱大手大脚，而他的妻子伊莎贝尔却斤斤计较，喜欢讨价还价。双方都有各自的负担，伊莎贝尔负责防止家庭财政入不敷出，而查理负责让她变得不再吝啬。

每个家庭成员都要承担家庭的一部分负担。例如，一位家庭成员负责赚钱养家，而另一位则必须照顾年长的父亲或母亲。情感生活中也是如此，如果父亲是完美主义者，那么可能家里的一个孩子是完美主义者，而另一个孩子可能会排斥完美主义，父亲的完美主义成为了两个孩子的负担。如果父母总是不认可孩子，那么孩子一直就会背负着得到父母认可的负担。有些人可能背负着获得巨大的成功的负担，有些人背负着关心其他家庭成员的情感需求的负担，还有些人背负着改正家庭成员的不良行为（如酗酒）的负担。

让心理的不同部分相互交流

理查德·施瓦茨是内在家庭系统治疗（IFS）领域的领军人物，内在家庭系统治疗是以自我是由许多不同的部分组成的观念为前提，以家庭治疗为主要手段的治疗方式。施瓦茨认为，我们"内心都有很多个自我"，我们要学会使这些不同的自我和谐相处，集中这些自我的力量，去应对生活中不可避免的挑战。

自我哲学的先锋人物，心理治疗师哈尔和赛德拉·斯通这样说："我们每个人都有无数个'自我'。我们是由无数个自我组成的，我们总是肯定某些自我的观点，否认、排斥另一些自我的观点。这种因对某些自我的过分认同和对其他自我的排斥而形成的整体认知会有所失衡，也会有盲点，这就要求我们接受和认可所有的自我。这种'自我之舞'是令人惊讶的经历，随着我们内心世界的改变，我们周围的世界也发生了改变。"

施瓦茨和其他 IFS 治疗师都认为，家庭治疗的技巧可以用于让不同的自我和谐相处。"人是有智慧的，不会被疾病或经济亏损所束缚。人不是缺少智慧，只是因为恶化了与自己以及与他人的关系而无法激发出内心的力量，智慧就发挥不了。"

自我的某些部分会拖累我们，而其他的部分则替我们化解这些负担和拖累。我们的自我没有"糟糕"的部分，某些极端的自我只是我们用于面对艰难的生活和悲伤的遭遇的工具。

IFS治疗的目标之一是为了让人们辨识、理解这些负担，并放下这些负担，通过让不同的自我部分进行沟通，确定那些固定化的、让状况失衡的负担问题，来实现这一目标。

IFS并没有说，我们内心的自我角色是一样的，如父母、成人和孩子，相反地，我们每个人都有许多个内心角色，这些角色我们都给他们取了个性化的名字。正如心理治疗师杰·厄利所说的那样："人类的心灵不是单一的，有时会产生非理性感受的事物，而是由很多个部分交互组合而成的复杂系统，每个部分都有自己的思维和想法。这就像一个心里的大家族——有受伤的孩子、冲动的少年、坚强的成人、吹毛求疵的父母、关心你的朋友、关爱你的家人，等等。"

厄利还补充道：

自我的每个部分都在你的生活中起了作用，它为你的心理状况和行为赋予了特性，每一个部分都在某种程度上对你有利（有时候也有相反的作用），有些部分影响着你处理现实问题的方式，有些会帮你抵御外部或内心的伤痛，有些部分对人很友好、热情，有些部分则代表着你童年时未化解的恐惧或羞耻感，有些部分乐于表现自己，有些部分则是有远见的思想者，有些部分关心他人，还有些部分影响着你对自己的感觉，等等。

因不同的情感现实而争吵产生的影响

那么，为什么认识不同的自我状态对因不同的情感现实而争吵的夫妻很重要呢？简单来说，你们正面对的僵局，与其说是心理和认知上的深刻分歧，不如说是你们各自内心里不同部分的冲突，就像理查德·施瓦茨说的那样：“爱人在冲突中说出的伤害我们的话并不代表他们的‘真实’感受，而只是他们内心那些恼怒的‘自我’的观点而已，而那些不恼怒的‘自我’还是爱我们的。”

我们还是来说兰迪和茱莉亚。他们每次争吵时，兰迪就会进入父母自我状态（控制欲强的父母），而茱莉亚则是孩子自我状态（叛逆的孩子）。大部分时候，无论他们彼此站在什么立场，控制欲强的父母总会与叛逆的孩子发生争吵。由于他们都对彼此的自我状态做出激烈反应，那就很难判断他们的意见不一是因为长期持有的观念不同而引起，还是因为他们为了自卫而引起。如果他们都能以成人的自我状态相互沟通，我们就会发现，他们的矛盾其实并没有那么严重。

我们每个人都有过人格的某个部分代言整个人格的时候。主宰性人格发挥作用时，你的其他人格有不一样的感受，而你却不知道，因为你在跟人争吵时，你的主宰性人格只在表达自己的观点，而不是你所有人格综合形成的观点。

还有一种可能是，这种冲突是由你的家庭内部关系决定的。也许，每个人的观点都是因各自的原生家庭带来的负担而来的，而这就需要进行心理咨询来探索发现了。放下了这些负担，他们可能会发现，他们也没有自己所想象的那么不一样。

认识你内心“委员会”的所有成员

上面讨论的三种治疗方式——沟通分析、家庭治疗和 IFS 治疗——都要建立在医患关系之上。心理治疗师有相关的专业知识，又是不属于家庭成员的第三方，无论是处理外部关系还是内部关系，都对你有帮助。如果你认为，我们在本章里所说的家庭矛盾是影响到你们夫妻关系的问题，那我建议你去找治疗师咨询，本书的附录中有寻找合适的治疗师的资源和建议。

对很多人来说，找治疗师太耗费时间和钱了，你也可以采用适用于你和你配偶的治疗方式，你还可以去读更多关于你想采用的治疗方式的书。

如果你想让自己人格的不同部分和谐相处，无论是沟通分析理论中的父母、成人和孩子自我状态，还是 IFS 治疗中的不同的自我，你首先需要辨认这些不同的人格部分。心理治疗师们一致认为，每种人格个性都有特定的沟通方式、可感知的态度观念，以及特定的身体感觉。认识自我的各部分，就像是去见一个你认识，但从未将他当成独立的实体的人。

以下是一些技巧，你可以在没有治疗师帮助的情况下，自己将人格的不同部分联系起来时使用。

记日记：在日记里记录下你一天中的心理变化，尤其要关注是否有不同的人格出现在你的心理变化中，深入了解这些不同的人格，记录下你的想法，不要做太多筛选或判断。如果可以，用笔记记录下跟这些人格沟通的过程，如果都是你的想象也无所谓——你也会了解到你的内心世界。

心理想象：如果你擅长做心理想象，那你可能会发现，这样做很有用。你可以这样开始：

- 做一些能让你放松心情的事情（请不要喝酒）。
- 闭上眼。
- 想象自己身处一个非常安全的地方。
- 你想象，远方有个人朝你走过来。
- 这个人越走越近，似乎是你认识的一个非常明智的人。

· 问问这个人是谁，问问他是否认识你心灵的不同部分。

· 你甚至可以要求这个人将你心灵的不同部分介绍给你认识。

· 让这些不同的部分也进入你体内，问问它们，它们在你的心灵中扮演什么角色。

· 你可以问的问题包括：

1. 这一部分的名称是什么？
2. 它有什么情绪感受？
3. 它看上去是什么样子？
4. 它在你身体的什么部位，它感觉好不好？
5. 它有什么职责？
6. 它怎样刺激你的行为？
7. 它想要得到什么？

· 停止时，谢谢你的访客来帮你，跟他道别。

· 发现你自己还在那个安全的地方。

· 睁开眼。

空椅子：面对着一把空椅子坐下，想象椅子上坐着另一个人，或者另一个自己，说你想要对对方说的话。听对方是否有做出回应，如果有，请继续沟通。你可能会问到上述的心理想象中的某些问题。

关键是，要试着跟你内心的不同部分进行沟通。一旦建立了联系纽带，你可能就想要了解，在你和伴侣发生冲突时，内心的不同部分都扮演着怎样的角色。尤其是，你要了解是否所有的不同部分都就问题达成了一致意见，或者是否有哪些部分想要为你的整个心灵代言。

我们内心的不同之处引起了需要重视的问题，而对人格个性不同部分的认识和了解能让我们学到很多经验。

总结

现代的意识研究者告诉我们，人的人格由不同的自我状态组成，这些自我状态跟我们周围的人和世界的沟通方式也都不一样，不同的心理治疗师都对这些自我状态进行了解读。情侣或夫妻间的冲突可能并不是由于你们观念或认知上的不同导致的，而只是你们参与冲突的不同个性间的矛盾引起的，你们双方参与冲突时，可能有某种人格或个性主宰了你整个人，压抑了你人格和个性的其他部分的不同感受。一个有素养的治疗师，或者你自己采取的练习方式，能够帮你辨认参与冲突的人格和个性，帮你跟它们沟通交流。

第 15 章　存在差异的价值

接受差异，让你们的关系更加丰富。

爱人和自己的情感现实不同，通常会令人们感到害怕。他们可能担心，不同就意味着离心；如果爱人与自己想法不一致，那么这段关系就有了危机；他们可能担心，这些不一致就代表着，爱人不再爱他们了；或者有了这些不一致，他们在跟对方相处的时候就要放弃自我。

这些都只是你们的担心而已，而不是事实。事实上，你们的感情越稳定，你们就越能处理好这些不一致。想一想，你曾跟人爆发过的很有趣的争吵，可能是跟一位老朋友，你知道，无论你们采取怎样的立场，吵过之后你们仍然是朋友。

关系稳定时，你们的争吵只是针对某件特定的事而发生的，不会影响这段关系继续存在；关系不稳定时，你们说的任何话都会使这段关系加剧恶化。当你刚认识一个人的时候，你就能明白这一点，你说的话就能决定你们是否可以做朋友，所以表达你的观点时，你都是很谨慎小心的。

所有的情侣和夫妻都有意见不一致的时候，问题是你怎样应对这种状况。约翰·戈特曼博士对夫妻冲突矛盾进行过大量调研之后，总结称，成功的情感关系最重要的特点是夫妻双方在争吵之后仍然能够维持双方的感情。

确实，当你与伴侣走到一起了，分歧会让你们的关系疏远，关键是，你们是否觉得，你们都在一起努力解决分歧。如果你采取极端的态度——你一边，我一边——你们的关系就会更疏远。

如果伴侣不同意你的观点，那他 / 她就不爱你，这种思想真是幼稚，你的成人自我对这点认识得更清楚。如果你以这种思想去考验他人，那么，你就无法与任何人建立好人际关系。如果你认为意见不一就是不爱，那你就会让对方觉得，要维持与你的关系，他们就必须放弃自我。如果保持关系的代价是让对方放弃自我，那你和你的配偶就需要专业人士的帮助了。

在国外旅行的游客们通常会发现，通过观察其他国家的文化，他们也会加深对自己文化的理解。家庭文化也是如此，家庭观念和文化就是一个玻璃屋顶，当你身处玻璃屋顶下时，你并不觉得自己是被困在了里面。通常，你一直沉浸在自己的家庭文化中，以至于你几乎没有意识到它是如何塑造你的生活的，正如心理学家詹姆斯·C. 科尔曼所说的那样："当事者迷。"只知道自己的文化模式的人会将自己的文化模式视为真理。

了解了其他文化就加深了对自己文化的认识；同理，我们学会了去了解和接受我们伴侣的情感现实，从而也就加深了对自己情感现实的理解。

当你与伴侣分享各自的不同之处，而不隐藏它们，就会学会去处理这些不同之处。如果情感关系的双方都愿意这样做，那你们就会创造出适用于你们双方的一种现实，让你们自由地拥抱彼此的独特之处。虽然这看上去有点矛盾，但我们情感关系质量的高低，就在于我们是否愿意分享彼此的不同之处。

这也是另一项准则的基础——接受分歧：从情感上接受，不要掩饰这种分歧。

卡里和伊丽莎白结婚已经七年了，但最近，他们在怎样教育孩子的问题上产生了分歧。卡里在传统的夏威夷家庭中长大，家人们很关爱彼此，但也总是有暴力管教行为；伊丽莎白的家里不实施体罚，但却总有言语上的羞辱和责备，伊丽莎白曾发誓，绝对不让自己的孩子经受她曾经受过的一切。

卡里认为对孩子要"严格"，他体罚孩子时，伊丽莎白就觉得无法忍受。卡里认为，伊丽莎白对待孩子过于温柔，不能约束孩子。他说，他只是按自己的成长方式教育孩子——“我现在也有出息”——所以，如果妻子批评他的育儿方式，他就觉得是在批评他。最近，他们因孩子的教育问题产生了巨大的分歧，这甚至威胁到了他们的婚姻。他们决定，用本书中介绍的技巧来解决这个问题。

首先，卡里和伊丽莎白尝试使用了积极倾听的技巧（第 7 章），但他们发现，他们无法坚持一直使用这种方式，用积极倾听的技巧回复了一两句，他们就会开始争吵。

然后，他们使用了五分钟规则（也在第 7 章里有介绍），这种方法实施起来比积极倾听更好一些，因为一方说话的时候，另一方是不能发表意见的。他们也同意使用“我”信息（第 6 章），避免指责和控诉，这避免了争吵升级，但卡里和伊丽莎白却说，他们偶尔也会使用“你”信息。

接下来，他们使用了合作解决问题的方法（第 9 章）。使用这种方法之后，他们达成协议，一起参加教养孩子的课程，这也是他们的一大进步。此前，他们都没有接受过这方面的培训，但参加了课程之后，他们了解到，没有接受过相关培训的大部分人，都是按自己父母教养自己的方式来教养孩子的（这可能没有准确描述出父母们的真实行为方式）。

他们还学到了一些新的管理孩子行为的技巧，例如给孩子们设定时间限制。而他们参加课程的最大好处就是，他们有机会跟其他家长一起探讨教育孩子的问题。

参加了课程之后，卡里和伊丽莎白都审视了各自的价值观（第 10 章），并为他们养育孩子设定了统一的价值观念。他们采用的这种方式，就是要标记出每种观念的积极一面，然后双方要指出他们该怎样平衡两种好的观念。卡里和伊丽莎白的观念统一体看起来就如下图所示：

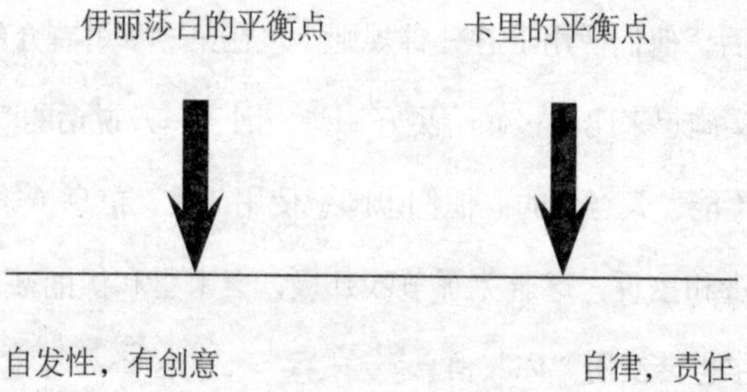

图 15-1

伊丽莎白更看重让孩子自发去做事，而且要有创意，而卡里则更关心孩子是否学到了自律和责任感。虽然这反映了他们的分歧，但最重要的是，卡里和伊丽莎白都注意到，他们的观念其实很接近，虽然他们的方式截然相反，但观念并没有本质上的差异。

即便如此，卡里和伊丽莎白都认为，他们需要专业性的帮助，他们也同意一起去找心理治疗师咨询。治疗师让卡里与他内心里的小男孩沟通交流，令卡里诧异的是，他发现，父亲体罚他的经历让他感到恐惧，他现在认识到，童年的大部分时候，他都活在对父亲的恐惧中，他也就认识到体罚孩子是不对的，这一发现让他很难受，挑战了他对孩子教养要严格的观念。

伊丽莎白则发现，她不仅对孩子没有设定边界，而且自己的生活中也有很多方面没有给自己设定边界。她喜欢指责孩子，让孩子产生内疚感，但却不喜欢给孩子设定界限和规则。她决定继续参与教养孩子的课程训练，学习给孩子们设定规则界限，督促孩子们遵守，而不体罚或责备他们。

伊丽莎白和卡里仍然在努力调整他们教养方式的分歧，他们也认为，他们已经取得了相当的进步，卡里只有在特殊的情况下才会对孩子用体罚，而伊丽莎白也在学着温和地给孩子设定规则界限，不指责他们。也许，他们收获的最大回报是，他们感觉是在共同努力解决问题，而且这也让他们的夫妻关系得到了改善。

卡里和伊丽莎白愿意花时间和精力去解决他们观念上的不同，这也证明他们对彼此的感情是很深的。

总结

情侣（或朋友）处理彼此观念不一致的方式取决于他们感情的深厚程度。情感关系稳定时，对特定问题的观念不一致不会影响到情感关系；而情感关系不稳定时，对任何问题的意见不一都可能会毁掉这段关系。关系越牢固，你们就越能处理好这些分歧，通过分享这些不一致，而不隐藏它们，你们就能学会管理你们的分歧。如果你们学会了管理这些不一致，那你们也就开始创建一种适合你们的生活方式，让你们都欣赏彼此的特别之处。虽然看上去有点矛盾，但你们的关系质量就取决于你们是否愿意与彼此共享你们的不同之处。审视这些分歧的时候，你们可能会发现，你们的观念分歧其实并没有之前想象的那么大。

结语

你是怎么解决因情感现实不同而产生的纠纷的？以下是我推荐的一些指导原则。

1．在肯定和信任自己的情感现实的同时，要承认每一个人都有权以自己的方式去观察和体验周围的世界（他们自己的情感现实）。

这一观点是本书的基础观点。如果你坚持认为他人应该跟你体验现实的方式一致，那你就有麻烦了，你会遇到很多冲突，你要学着接受他人与你对现实的认知和感受不一样的事实，他们不会对同样的事情做出跟你同样的反应。你越早放弃成见，不再认为他们的感受和认知跟你不同是他们的问题，那么你——还有他们——也就更快乐。

2. 跟他人相互坦陈自己的感受和看法，而不要去挑别人的错处。

大部分的冲突是以相互指责开始的。我们需要学会只告诉对方我们的感受，而不指责是对方让我们产生不好的感受。在用这种方式表达自己感受的时候，“我”信息是一种非常重要的高能工具。你不能控制对方的反应方式，但你可以减少让他们觉得受到攻击，做出自卫式行为的机会。

3. 倾听既要用脑也要用心，即便你仍然不同意他人的看法和观念。

化解冲突的时候，倾听是一种关键性的技能，但倾听必须既要用头脑也要用心，积极倾听就是一种既用头脑也用心的方式。你们都很恼火，无法使用积极倾听技巧的时候，使用一下像五分钟规则这样的规则，让你们双方在不受到指责的情况下表述自己的观点和看法。

4. 学会辨识那些让矛盾冲突升级的行为，设定彼此都能接受的规则来限制这样的行为。

矛盾冲突并不是自然而然地升级恶化的，是我们做出的行为让它们恶化升级的。要学着辨认那些让冲突升级的行为，并与配偶共同努力，不再做这样的行为。即便你的配偶不同意，你也要克制自己，不要让矛盾升级。当别人看待事情的态度和方式与我们的不一样时，我们就很容易将对方看作对手，即便是在冲突之中，也要记得呵护你们的情感关系，你们希望，冲突之后，“你们”仍然是“你们”。

5. 用解决问题的态度说话，说：“我们有个问题”，而不要说“你就是个问题”。

使用如第 9 章介绍的结构化解决问题的过程，能给予你们指导，让你们能确定你们在解决分歧的道路上走到了哪一步，这个过程需要进行大量的研究。解决问题的过程是让你们携手合作，共同面对问题，你们应拿出“我们遇到了一个问题”的态度，而不应将彼此视作问题。

6. 寻找伴侣观念的积极面，即使伴侣反对你认为重要的东西。

从本质上而言，价值观选择就是让我们在两种好的价值观中选出相对更重要的一种。例如，自由和利益都是好的，但有时候，你要得到一种就必须放弃另一种。我们争吵的时候容易变得极端，就会彼此攻击各自的观点，不要去指责你伴侣的观念多么不对，而要去找寻你伴侣观念的积极一面。你可能会发现，你也认同你伴侣的观念，但在当前的状况下，你认为它不如另一种观念重要。探寻伴侣观念的积极面，你就不会将对方视作对手了。

7. 找寻你们都赞成的新方法去看待现实。

有时候，冲突是因你和你的伴侣对状况的“框定”方式不同而产生的。“框架”就是你看待状况的思想观念，以及你对状况的理解和感知。有时候，重新“框定”状况能带给你更多新的观念选项，让你发挥出一直藏而未露的潜能。好的新“框架”不仅能像旧的“框架”那样帮我们了解状况，还能让我们改善我们的行为。

8. 根据需要重构人生故事，创造新的选择，释放能力。

我们最重要的“框架”就是自己的生活经历，这些经历定义了我们是谁，定义了什么是合理的，但你的人生故事是经过精心挑选的，那些没有被选到的经历可能会展现出一个不一样的你来。你现在对你自己和自己人生的认识可能约束了你，特别要关注与你的正常生活经历不一样的经历，它们可能会构建出一个完全不一样的你来。

9. 审视自己的自我对话，确保它对你有意义，在需要的时候也可以进行修改。

我们都有内心的声音，不断评论着我们的生活。有时候，它给出的是消极的评价："伙计，这样做真是愚蠢""你难道就不能做得更好一点吗""你就是不知道怎样交朋友，是吗"，成长过程中，我们经常会听到父母或其他长辈说这样的话。小时候，我们将这些评判语当真，而成人后，我们需要重新审视那些限制了我们的消极性自我对话。此外，我们还需要以新的、积极的自我对话取代旧的、消极的自我对话。

10. 了解人格的不同方面，让它们互相对话。

虽然我们个性的不同部分会让我们做出不一样的行为，但我们通常总认为我们的人格和个性是单一的统一体。大部分心理学家们都认为，我们有很多不同的附属人格，跟你伴侣争吵的可能正是你的一种附属人格；你的其他人格可能对这次争吵的看法完全不同。你人格的不同部分都在努力为你服务，但它们可能彼此相互干扰，甚至相互斗争以夺得掌控权。如果你能辨识出这些部分，并让它们相互沟通，它们就可以彼此学习借鉴，并同意采用更好的策略来照顾你。

11. 接受差异，让关系更加丰富多彩。

所有的夫妻都有意见分歧，问题是你们怎样处理它们。事实上，你们走到一起后，意见分歧会让你们产生离心感，关键是你是否认为，你们是在合作化解分歧。你们的关系越牢固，你们就能处理越多的分歧。

因为我自己使用过上述的技巧，所以我知道：如果你和你的伴侣也一直坚持这样做，你们的生活也将变得更丰富、更充实。你们的分歧将成为你们的导师，你们会以令你们惊讶和兴奋的方式一起成长。

附录

当你需要帮助时

无论夫妻双方多么擅长化解矛盾，或双方的感情有多么牢固，他们总有时候会遇到一些问题，这将他们的情感关系变成旋转木马，在没有显而易见的解决方案的情况下，他们的关系会不停地打转，无休无止。这时候，他们就会开始寻求他人的帮助。

请朋友帮忙

很多人都会跟自己的朋友讨论他们的情感问题，不过，虽然朋友们能够及时提供支持，但他们一般不会持中立态度。例如，如果夫妻双方在考虑离婚，那么朋友们就可能支持一方而批评另一方，这是很常见的，好朋友几乎都不是持中立态度的。生活中，你的朋友只维护你，如果你想要化解婚姻冲突，朋友们并不总是能给你需要的帮助，你需要一个局外人，给你提供全新的视角和观念。

你怎么知道你的朋友是支持你的呢？那就问问自己如下的问

题。如果有两个以上的问题你的答案是肯定的，这个朋友可能就对你很重要，能给予你很大的支持，但却难以保持中立态度。

- 这位朋友会评价你或你伴侣的行为吗?
- 这位朋友会告诉你应该怎样处理你的问题或感情吗?
- 这位朋友会偏袒你或你的伴侣吗?
- 这位朋友对你应该怎样应对问题有自己的看法吗?

如果这个人是你关系亲近而值得信赖的朋友，你可能以后仍然要向他求助，你就可以和他讨论本书介绍的技巧，在需要的时候，怎样运用这些技巧相互帮助。你还可以分享你学到的经验，让他也来读这本书，一起使用本书介绍的技巧。

你还可以跟你的朋友达成协议，在朋友帮忙处理你们的夫妻冲突时，也可以用积极倾听的技巧。

你们可能还会承诺，尊重彼此自己做决定的需要，避免轻易批评冲突中的任何一方，也不要去告诉矛盾双方该怎样解决问题。

寻求专业帮助

如果朋友帮不了你，你可能会考虑寻求专业帮助。咨询师和治疗师受过专业训练，既能保持中立的立场，也能够帮你做出符合你自己价值观、需求和利益的决定。他们听你说话时，不会批评你。相反地，他们会帮你发现那些积极的态度和感受，让你采用可行的技巧解决问题，他们可能还会帮你确定，是哪些观念和误解阻碍了你去发现最适合你的解决问题的方案。

大部分治疗师都不会告诉你，应该怎样处理你的感受，如果他们直接给你提了这样的建议，那也是在对你很了解之后才发生的。咨询治疗的目标之一是帮你增强自己处理应对婚姻问题的能力，而不是让你盲目地遵循帮助者的建议。

治疗师不是你的朋友。在他们的个人生活中，他们也有自己的观念和感受，也有自己的朋友，也要面对自己要面对的矛盾冲突。作为专业人士，他们的职责是让你了解自己的思想和感受，并让你做出本书中介绍的那些选择。每一次良好的咨询诊疗的主题都是你，或你们的关系，如果你们一起来进行咨询的话。

寻求外界帮助的最大障碍之一就是，你必须承认，你们出现了问题。很多人都认为，寻求心理咨询，他们就被自动贴上了“有病”“精神不正常”的标签。而如今的心理咨询更注重帮助健康的人——无论在哪一个生活领域里——都能活得更有效率、更开心。现在的咨询诊疗都是技能主导型的——也就是说，这种诊疗旨在帮人们建立处理日常生活问题的能力。

大部分的社区里都有各种各样的职业咨询师可以帮忙，为了帮你选择最适合你的，我在下面列出了一系列情况，以及能帮你们处理这些情况的人。

技能培养

本书介绍了一些情侣或夫妻能用于化解冲突的技巧，包括积极倾听、交流感受、合作解决问题等。在实际使用这些技巧之前，在一个安全的、不受威胁的环境中进行练习是有帮助的，接受相应的训练课程不仅能够让你们学到很多技巧，还能够增加你们的亲近程度。

在社区学院、心理健康咨询中心、家校合作机构、教堂或其他礼拜场所都有沟通技能的课程。查看这些课程的时候，注意如**“沟通训练”“积极倾听”“‘我’信息”“和谐沟通”“双赢的冲突解决方案”**这样的关键词。

你还可以去私人治疗师那里咨询，来提高这些技能。我妻子和我求助的治疗师就允许我们在练习新技能的同时处理实际的生活问题，确保在我们做出自卫式行为或反应过于激烈时，帮我们恢复理智，不再极端地看问题。

矛盾处理、关系和个人问题

探索解决冲突的办法时，明确冲突涉及的因素会很有帮助：

矛盾处理问题：很多引发冲突的因素都与我们处理矛盾的方式和过程有关，而与引起冲突的实际问题无关。因为我们的处理方式通常就是习惯使然或自动化发生的，我们甚至根本不会去思考这样的过程是否有问题，所以夫妻双方有时候需要帮助，让他们明白，他们用来解决问题的方式是怎样让他们产生冲突的。一个局外人往往能看出这个过程中的问题，但问题的当事方却看不出来。有时候，两个人只要明白了他们的沟通方式是导致矛盾的症结所在，那他们的矛盾就能很快得到解决。

关系问题：伴侣间的冲突可能会引起各种各样的问题，如赡养父母、夫妻之间对彼此的忠诚度、对彼此和家庭的责任以及对对方产生不切实际的期望，等等，即便关系不错的夫妻也可能遇到无法解决的情感问题。两个人创建一段情感关系，那这段关系也就像第三人一样，会兼具两个人的个性特点。进行情感关系咨询时，最好是双方一起去，夫妻关注的问题应该是如何让双方更适应与彼此的关系，而不是互相指责对方的性格。

自身问题：你可能会因为自身的问题进行心理咨询，因为你觉得无法充分表达自己的感受，或者你还留有童年时期未化解的恼怒或伤痛，或者你总是觉得抑郁，这些问题都可能给你的情感关系带来压力，甚至会影响你处理人际冲突的方式，但它们从根本上而言都是你自身的问题，也应该由你单独来解决。

很多情况下，在进行长期咨询之前，你可以与一位可靠的咨询师进行电话预约。打电话的时候（时限通常为十到十五分钟），或者第一次去咨询的时候，表述清楚你需要什么帮助。只要你觉得咨询师还不错，你可以相信他 / 她，你就可以在他 / 她这儿进行咨询。跟任何职场关系一样，你与咨询师的相互信任与对方的专业程度是同样重要的，所以，选择咨询师的时候，一定要尊重自己的感受。

治疗师和咨询师

你可以考虑去咨询如下的治疗师或咨询师：

婚姻和家庭关系咨询师：在婚姻和家庭治疗方面受过训练的治疗师们通常都很擅长处理关系冲突和情感问题，他们可能还接受过夫妻沟通技巧和处理夫妻沟通问题方面的训练，有这些方面的经验。目前，越来越多的婚姻和家庭关系咨询师愿意帮助夫妻处理短期的问题，帮他们明确让他们产生矛盾的问题。在美国的很多州，婚姻和家庭关系咨询师都必须持有社会福利工作、心理学或婚姻和家庭关系咨询方面的证书。

心理学家：有些心理学家同时也是心理治疗师，有些不是。做心理治疗的心理学家通常被称为临床心理医师或心理治疗师。有些心理治疗师主要关注的是咨询者自身的问题，而有些则擅长帮助咨询者处理关系矛盾和问题。告诉心理治疗师你想要咨询什么问题，并问问他们，他们工作中主要处理的是哪些领域的问题。

临床社会工作者：这些工作者就跟婚姻和家庭关系咨询师一样，都接受过家庭治疗方面的专业训练；但他们不只要关心关系问题、家庭问题，也要关心社会可能对夫妻双方产生的影响或提供的资源。如果夫妻问题还牵涉了家庭暴力的问题，那临床社会工作者还可以向当事人推荐可以帮忙处理这些问题的社会资源。

精神分析学家：精神分析学家们做的深度治疗（分析如童年创伤之类的重大事件）对解决自身问题很有帮助。精神分析诊疗可以至少一周一次，甚至一天一次，疗程周期可以长达数月甚至数年。虽然这种疗法对解决自身问题很有帮助，但却不是专门针对情感矛盾或问题而设的。

心理医生：心理医生是心理健康专业的临床医生，其中有一些也是精神分析师，心理医生拥有处方权。如果你遭遇的情感问题可以通过药物控制，那你可以去看心理医生。心理医生可能也能帮你处理自身问题，但处理情感问题的能力则取决于他们的兴趣以及是否接受过相应的训练。有些心理医生会与心理治疗师合作，心理医生会在必要的时候开药，而心理治疗师则直接处理来访者的情感问题。

调解员：如果你们想要尽快找到解决问题的办法，化解问题而不是提高自己处理问题的技能，你可能会请他人来调解。家庭关系法庭越来越多地使用调解员来解决诸如子女监护权和财政开支管理等问题。房东和租户之间的问题，甚至是社区之间的纷争和环境争端等，也可以用到调解这种方法。从本质上而言，调解员提供“处理”技能，帮各方有效地合作解决争端。调解者可以组织各方会面协调，指导不同的参与者，教他们沟通技能，帮他们解决问题。因为调解员主要负责具体事情的调解，所以很少有人会请调解员来解决情感问题。

上述这些专业人士之间可能存在着显著的差异，这样的话，在你确定在哪里进行长期咨询之前，你需要真正去见这些咨询师，了解他们。最重要的是，你要明确你想要得到怎样的帮助，在跟咨询师沟通时要声明这一点。你可以问一下他们的专业背景——不要被他们专业性的话吓到，只问你需要问的问题。你是否与咨询师相处融洽，是否相信他们跟你有相同的价值观，是否相信他们能帮到你，这应该是选择专业人士帮助时的最重要标准。

在我们的忙碌生活中，咨询师和治疗师越来越重要了，有他们的帮忙，我们可以解决多年未曾化解的重要问题，通过咨询，我们可以学到很多能改善我们人际关系和生活质量的专业性知识。

致谢词

首先，我想要感谢我的妻子麦琪·克雷顿，因为有她的不断支持，我才完成了本书，我要谢谢她长期的陪伴与支持。

我的姐姐弗洛伦斯·克雷顿是一位有多年经验的治疗师，写作本书的过程中，她发挥了关键性的作用，她帮我复核稿子，推荐各种资源，并让我确信，我的所有工作都是值得的。

通过跟托马斯·戈登和吉恩·梅里尔两位先生合作，我也了解了关于解决冲突这一领域的重要知识。戈登在传授父母效能训练、教师效能训练和领导效能训练课程时，积极推广积极倾听的技巧，宣传“我”信息的重要性。而梅里尔先生既是我多年来的合作指导者，也是我的好朋友。我还要感谢明智的托马斯·帕克博士、鲁斯·李博士和容·琼斯博士。

作为水资源研究所的顾问，我也得到了很多机会去探索解决冲突的新方式，对此我心存感激。我还领导过一个团队，该团队帮助创建的一种争端解决方式曾获得过奖项，我尤其想要感谢该团队的项目经理杰罗姆·德里·普里斯科里，他为我的工作做出了重要贡献。

我的作品经济人金伯莉·卡梅隆，当她还在出版了《重新康复》的瑞思·哈尔西机构团队任职时，我就认识她了。她目前已拥有了自己的团队。她的工作通常不会涉及心理学自助书籍，但她立即接受了本书的理念，并很快就买入了本书的版权，将书稿送给了合适的出版机构出版。干得真棒，金伯莉。

乔治亚·休斯，新世界图书馆的主编，从一开始就支持我写作本书。她就是作者们梦想中的编辑，她工作的主要目标就是出版能改变人们生活的书，能跟这样一位编辑合作真是荣幸。出版本书的过程中，她经常跟我讨论各种细节，我也很开心。我还要感谢新世界图书馆的所有人，尤其是金·科宾，因为她一直为出版本书而不懈努力。